领导干部应知应会党内法规和国家法

总主编　付子堂　林　维

推动高质量发展
相关法律重点条文
—— 理解与适用 ——

主　编　王怀勇

副主编　欧香汝　唐　勇

撰稿人（以姓氏笔画为序）

王洪垚　李子贡　肖顺武　陈　治

欧香汝　周骁然　郑　重　唐　勇

中国人民大学出版社
·北京·

领导干部应知应会党内法规和国家法律丛书
编 委 会

总主编　付子堂　林　维

编委会成员（以姓氏笔画为序）

王怀勇　邓　斌　石经海　张　震

周尚君　郑志峰　喻少如　温泽彬

谭宗泽

总　序

　　两千多年前，亚圣孟子就曾提出"徒善不足以为政，徒法不能以自行"①。在全面落实依法治国基本方略、加快推进法治中国建设进程中，领导干部肩负着重要责任，是社会主义法治建设的重要组织者、推动者、实践者，是全面依法治国的关键，在很大程度上决定着全面依法治国的方向、道路、进度。习近平总书记强调："各级领导干部要坚决贯彻落实党中央关于全面依法治国的重大决策部署，带头尊崇法治、敬畏法律，了解法律、掌握法律，不断提高运用法治思维和法治方式深化改革、推动发展、化解矛盾、维护稳定、应对风险的能力，做尊法学法守法用法的模范。"② 2023年，中共中央办公厅、国务院办公厅印发了《关于建立领导干部应知应会党内法规和国家法律清单制度的意见》，并发出通知，要求各地区各部门结合实际认真贯彻落实。领导干部应知应会党内法规和国家法律清单制度对于推动领导干部带头尊规学规守规用规、带头尊法学法守法用法具有重要作用。

　　为更好地学习贯彻习近平法治思想，增强领导干部的法治观念，提升领导干部的法治思维能力，抓住领导干部这个"关键少数"，西南政法大学组织编写了这套"领导干部应知应会党内法规和国家法律丛书"，旨在依托西南政法大学优秀的法学师资队伍汇编、解读相关法律法规，引导领导干部把

---

① 孟子·离娄上.
② 习近平谈治国理政：第4卷.北京：外文出版社，2022：298.

握应知应会法律法规的核心要义以及依法行政的工作要求，深刻理解习近平法治思想的丰富内涵，带头做习近平法治思想的坚定信仰者、积极传播者、模范实践者。

本套丛书精准把握文件要求，在编写过程中坚持抓住关键、突出重点，允分考虑领导干部的实际工作需要和学习效果，精选与领导干部履职密切相关的重点条文进行讲解、导学，致力于提升领导干部学习的精准性、科学性、实效性，进而推动领导干部学法用法常态化、规范化，增强领导干部学法用法的示范效应。为提升学习效果，本套丛书中的每本在各章正文前设"导学"版块，重点介绍该章涉及的相关法律法规的立法背景、主要意义，概述相应法律法规与领导干部履职的关系，提示领导干部应关注的重点内容。正文部分采取"条文解读＋案例引入"的形式，通过专家解读和真实案例介绍的方式，增强内容的可读性和专业性。

西南政法大学是新中国最早建立的高等政法学府，办学七十余年来，为国家培养了各级各类人才达三十余万，是全国培养法治人才最多的高校，同时也是法学专业招生规模最大的高校，在法学教育、法治人才培养等方面有着丰富的经验和深厚的积淀。西南政法大学以"政"字挂帅，用党的创新理论凝心铸魂；以"法"字当头，抓好习近平法治思想研究阐释、教育引导和宣传宣讲，创新构建中国自主的法学学科体系、学术体系、话语体系；同时继续发挥特色优势，争创一流水平，更好服务国家重大战略，努力为经济社会高质量发展提供人才支撑、法治保障和智力支持。本套丛书由西南政法大学十余位资深专家学者领衔主编，融汇西南政法大学七十余年的法学教学、科研积淀于一体。期待本套丛书能够对领导干部带头尊规学规守规用规、带头尊法学法守法用法发挥积极作用，期待本套丛书能够为推动全面依法治国提供助力和保障。

是为序。

付子堂　林　维

2024 年 6 月

前言：推动高质量发展的法治保障

2017年，中国共产党第十九次全国代表大会首次提出"高质量发展"。2022年，中国共产党第二十次全国代表大会上，习近平总书记提出，高质量发展是全面建设社会主义现代化国家的首要任务。2023年，习近平总书记从必由之路、战略基点、必然要求、最终目的，以及坚持和加强党的全面领导、坚定不移从严治党五个方面，集中阐述了"高质量发展"的内涵。这一系列理论阐释和政策部署标志着我国经济开始由高速发展阶段向高质量发展阶段转变。经济的高速发展实现了"量"的攀升和积累，为"质"的转变创造了前提和基础，高质量发展就是在继续做大总量的基础上，推动经济由量变向质变转换。经济的高质量发展离不开法治的保障，法治的功能不仅仅在于营造良好的营商环境，更重要的是，部分经济立法已经走在推动经济发展的前列，以促进、引导、激励的方式推动经济高质量发展。因此，准确理解与适用推动高质量发展相关法律，是落实高质量发展政策要求的重要前提。

一、本书的写作特点

本书在写作上有四大特点：首先，本书创新性地设置了"习近平法治思想指引"等栏目，在部分条文解读后精选习近平总书记的与条文内容相关的重要论述，精准解读立法的初衷和核心意旨，准确理解习近平法治思想，助力领导干部准确把握立法精神。其次，本书并未贪大求全，而是精选推动高质量发展相关法律中的核心条文，对条文的内涵、立法背景、立法原旨乃至规范沿革等问题作简明扼要的解读，帮助领导干部快速了解相关重点条文的内涵并准确适用相关法律规范。由于所选条文往往是章节的核心条款，因此既避免了挂一漏万的问题，又显著地减轻了领导干部系统学习法律内容的负担。再次，相较于常见的法律解读书籍，本书对高质量发展相关法律的解读更好地切合领导干部的工作需要，在每一部法律开篇的"导学"栏目中，提纲挈领地明确领导干部应知应会的内容以及应当树立的正确理念，指引领导干部将工作实践同理论学习相结合。最后，本书在每一部法律解读中都加入大量案例，以便领导干部更好地理解法律条文。与其他法律解读书籍不同，本书精选的法律多由行政机关而非司法机关落实，因此精选案例以各级政府突出的工作实例为主，其更加贴合领导干部的工作实践。

二、选择法律的初衷

本书紧贴推动高质量发展的主题要求，遵循以下目的和初衷，从现行有效法律中选择了 9 部：首先，高质量发展需要生产力的革新。习近平总书记指出，科技创新能够催生新产业、新模式、新动能，是发展新质生产力的核心要素，要及时将科技创新成果应用到具体产业和产业链中，改造提升传统产业，培育壮大新兴产业，布局建设未来产业，完善现代化产业体系。《科学技术进步法》是现行立法中处于法律位阶的唯一一部旨在全面促进科技进步，发挥科技第一生产力、创新第一动力、人才第一资源作用的立法，很好地契合了高质量发展的要求。其次，习近平总书记指出，绿色发展是高质量发展的底色，必须加快发展方式绿色转型，牢固树立和践行"绿水青山就是金山银山"的理念，坚定不移走生态优先、绿色发展之路。当前有关生态保护的立法不在少数，本书选择其中的《循环经济促进法》《长江保护法》作为典型，既是为符合绿色发展的要求，也是为契合经济发展与转型的政策背景。再次，高质量发展既强调量变，也更加关注质变，而质变的一个重要标志就是由承接产业转移的产业链末端向牢固掌握知识产权的产业链顶端移动，因此知识产权保护是高质量发展的重要要求。有鉴于此，本书将《著作权法》纳入进来。复次，高质量发展是经济的全面发展，既包含城镇的发展，也囊括农村的发展；既需要关注大型企业的发展，也需要依靠中小企业的发展；既要拉动内需，也要引进外商投资。因此，本书选择了《乡村振兴促进法》《中小企业促进法》《外商投资法》。最后，良好的营商环境是企业发展的有力保障，这包括国家预算的良好运行，以及良好竞争环境的营造。因此，本书亦选择了《预算法》与《反垄断法》。

三、对领导干部的指导意义

以上选择的 9 部法律，明确了私主体的权利义务，划定了权利义务范围，更重要的是，它们作为促进型、激励型立法明确了各级政府部门的职权和职责，而这些职责最终仍然需要具体的公职人员去落实，其中以领导干部最为重要。高质量发展是我国经济发展的一个阶段性变化，其中涉及的政策落实任务艰巨，领导干部需要储备大量的法律知识来保障政策目的的实现。这也正是本书的一项重要意义。对于领导干部而言，一方面，本书可以为领导干部理解高质量发展相关法律提供系统的指导：本书基本囊括了与高质量发展最密切相关的几部法律，可以有效帮助领导干部建立高质量发展的法律知识库。另一方面，本书明确了领导干部行为的边界：高质量发展需要各级政府部门出台各项政策来落实，但政策的制定和实施既要以实现政策要求为目的，也要在法律的规范之下进行，申言之，领导干部的行为要在法律的轨道上进行。

高质量发展是新时代的硬道理，实现高质量发展离不开法治的保障，准确理解高质量发展相关法律是落实政策的必然要求。本书紧扣高质量发展的主题，精选 9 部相关法律进行立法解读，明确领导干部应知应会的内容，希望领导干部通过本书能够系统、深刻地理解高质量发展的相关法律精神，准确适用相关规范。

目 录

《中华人民共和国循环经济促进法》

重点条文解读

导　学

　　20世纪80年代以来，我国经济进入快速增长期，以过度消耗资源和牺牲污染环境为代价的粗放型发展方式，引起了党中央高度重视。2005年年底，全国人大常委会决定将制定循环经济法列入立法计划，为我国建设低投入高产出、低消耗少排放、能循环可持续的国民经济体系和资源节约型、环境友好型社会，提供法律支撑。在全国人大相关专工委、国务院法制办、发改委、财政部、建设部、水利部、国家质检总局、环保总局、税务总局的共同努力下，《中华人民共和国循环经济促进法》于2008年8月29日经第十一届全国人民代表大会常务委员会第四次会议通过。2018年10月26日，第十三届全国人民代表大会常务委员会第六次会议根据国务院机构改革方案，对本法涉及的环境保护主管部门的机构名称和工商行政管理部门的职能职责等内容进行了打包修正。

　　《中华人民共和国循环经济促进法》共7章58条，主要明确了循环经济中的概念定义、基本要求，规定了六个方面的管理制度、生产流通消费环节的减量化、再利用和资源化、相应的激励措施以及各类主体不履行法定义务的法律责任等。颁布该法是深入贯彻落实科学发展观、依法推进经济社会又快又好发展的现实需要，是落实党中央提出的实现循环经济较大规模发展战略目标的重要举措。经过十多年的宣传，循环经济理念逐渐深入人心，"资源—产品—再生资源"和"生产—消费—再循环"模式逐渐形成，循环农业、循环工业、循环社会的产业体系基本建立，粗放型经济增长方式朝着低开采、低消耗、低排放、高利用方向转变，法律实施取得了良好效果。

　　领导干部学习掌握本法相关重点法条，有利于跟上治国理政新理念新要求，更好地适应供给侧结构性改革，淘汰落后产能，优化产业结构，统筹经济发展、资源节约、生态环保、综合利用等问题，在执政过程中走出一条符合党中央要求、符合地方实际，科技含量高、经济效益好、资源消耗低、环境污染少的现代化发展新路。

1. 领导干部应当掌握循环经济的相关概念，树立绿色低碳循环发展理念

第二条 本法所称循环经济，是指在生产、流通和消费等过程中进行的减量化、再利用、资源化活动的总称。

本法所称减量化，是指在生产、流通和消费等过程中减少资源消耗和废物产生。

本法所称再利用，是指将废物直接作为产品或者经修复、翻新、再制造后继续作为产品使用，或者将废物的全部或者部分作为其他产品的部件予以使用。

本法所称资源化，是指将废物直接作为原料进行利用或者对废物进行再生利用。

▌ 法条解读 ▌

本条是对重要概念的规定。《国民经济和社会发展第十一个五年规划纲要》指出要加快循环经济立法，并明确提出发展循环经济要遵循"减量化、再利用、资源化"的"3R"原则（reduce, reuse, resource），所以本条根据我国实际需要，以生产、流通和消费等过程为主线，对"循环经济""减量化""再利用""资源化"这四个重要概念进行了定义。

减量化是指在生产、流通和消费过程中，通过优化经济布局、产业结构升级、清洁生产、绿色消费等措施，最大限度地减少对原生资源的消耗，强调从源头节约资源、提高利用率、减少废物产生。

再利用强调在生产、流通和消费过程中，以不改变废物物理性状为前提，尽可能地多次或者重复使用物品，避免物品过早成为垃圾。

资源化是要求发挥资源的最大利用效能，包括不经加工直接使用、利用废物和将废物全部或者部分作为原料予以加工利用。

▌ 典型案例 ▌

阿迪达斯循环跑鞋的可持续"三环"

阿迪达斯的官网有一个介绍其可持续材料和循环服务的专栏，提出了可

持续"三环"（回收环、再造环、生态环）。2020年年初，阿迪达斯制定了"终结塑料废弃物"的目标，到2024年将尽可能只使用回收的聚酯纤维作为原材料。早在2015年，阿迪达斯在纽约联合国总部就推出了第一款adidas X Parley跑鞋，其原材料就来源于海滩和沿海社区截获的回收塑料垃圾。使用回收材料进行创造是"回收环"的任务，这仅仅是第一步。阿迪达斯还在努力扩大其循环服务，回收旧产品，通过电子商务和重复使用来延长产品寿命，以及重新利用材料以减少浪费。2021年4月，在"Made to be Remade"的标签下，阿迪达斯创造了在设计时就考虑到循环的产品UltraBOOST跑鞋，这款鞋的显著特征是每一双都有一个二维码，在跑鞋完成使命后，消费者可以使用阿迪达斯的应用程序扫描二维码进行退货，鞋子由阿迪达斯进行回收再造。这是第二环"再造环"，即产品可循环再造。最后一环"生态环"，目标是开发新的环保材料，从根本上避免塑料制品对生态的破坏。木头、蘑菇，这些来自大自然的天然原料都成了阿迪达斯关注的新材料，被世人熟知的阿迪达斯小白鞋Stan Smith，使用的皮革就是蘑菇菌丝体制成的。

案例解读

从原材料到生产、到使用、到回收再利用，整个过程践行循环经济理念，不再产生废弃物，阿迪达斯做出了很好的榜样，走在了循环经济发展的前沿，企业的发展思路值得推广借鉴。从这个正面典型案例中，领导干部可以直观地理解循环经济的概念，明白循环经济发展的要求及要达到的目的，对于领导干部的行业管理、招商引资工作以及日常生活都具有较强的现实指导意义。

▌▌▌ 习近平法治思想指引 ▌▌▌

节约资源是保护生态环境的根本之策。要大力节约集约利用资源，推动资源利用方式根本转变，加强全过程节约管理，大幅降低能源、水、土地消耗强度，大力发展循环经济，促进生产、流通、消费过程的减量化、再利用、资源化。

——习近平2013年5月24日在中央政治局第六次集体学习时的讲话

要贯彻落实供给侧结构性改革决策部署，在改革创新和发展新动能上做"加法"，在淘汰落后过剩产能上做"减法"，走出一条绿色低碳循环发展的道路。

——习近平 2016 年 3 月 25 日在中共中央政治局会议上的讲话

2. 领导干部应当鼓励支持企业发展循环经济，为企业开展循环经济工作提供支持

第九条　企业事业单位应当建立健全管理制度，采取措施，降低资源消耗，减少废物的产生量和排放量，提高废物的再利用和资源化水平。

‖‖‖ 法条解读 ‖‖‖

本条是对企事业单位发展循环经济要求的规定。加强企业资源环境管理是发展循环经济的基础。企业是经济发展的基础，也是经济活动的细胞，更是资源消耗、废弃物产生和排放的载体。企业开展循环经济的责任义务主要是按照建立现代企业制度的要求，规定一套便利、管用、有约束力的资源节约和环境保护管理制度，保证循环经济发展有章可循，确保减量化、再利用和资源化落实落地。企业落实减量化，要求企业大力推进节能降耗，在生产、建设、流通各个环节节约资源、减少消耗，开展生态设计，全面推行清洁生产，从源头减少废物产生，实现由末端治理向污染预防和生产全过程控制转变。落实再利用和资源化，要求企业大力开展资源综合利用，研制开发耐用产品、再生产品和可重复利用产品，开发对废物进行资源化和无害化处置的技术与装备，为资源高效利用、循环利用和减少废物排放提供技术保障。

‖‖‖ 典型案例 ‖‖‖

重庆瑜煌电力设备制造有限公司等环境污染民事公益诉讼案

2015 年 4 月 10 日，重庆瑜煌电力设备制造有限公司（以下简称"瑜煌公司"）、重庆顺泰铁塔制造有限公司（以下简称"顺泰公司"）、重庆市鹏展化工有限公司（以下简称"鹏展公司"）通过合同约定，鹏展公司以 420 元 / 吨的价格向瑜煌公司、顺泰公司出售盐酸，价格包含盐酸售价和鹏展公司将废盐酸运回处置的费用。2015 年 7 月开始，无危险废物经营资质的鹏展公

司将运回的废盐酸直接排放，截至 2016 年 3 月，共非法排放废盐酸 717.14 吨，造成跳蹬河污染。公益诉讼起诉人重庆市人民检察院第五分院向人民法院提起诉讼，请求判决三家公司承担生态环境损害赔偿金及鉴定费等共计 6 484 360 元，并向社会公众赔礼道歉。重庆市高级人民法院在侵权人的申请下，结合瑜煌公司和顺泰公司事后投资开展酸雾收集、助镀槽再生系统等技术改造，在同产量的情况下明显减少危险废物的产生，作出了同意瑜煌公司和顺泰公司用支出的环保技术改造费用适当抵扣生态环境损害赔偿金的判决。

案例解读

依据《循环经济促进法》鼓励企业通过资源节约集约循环利用等方式减少废物产生量和排放量的规定，以及《环境保护法》的相关规定，对受损生态环境无法修复或无修复必要，且侵权人已经履行生态环境保护法律法规定的强制性义务，并通过资源节约集约循环利用等方式实施环保技术改造，经评估能够实现节能减排、减污降碳、降低风险效果，重庆市高级人民法院根据侵权人的申请，结合环保技术改造的时间节点、生态环境保护守法情况等因素，同意将由此产生的环保技术改造费用适当抵扣其应承担的生态环境损害赔偿金，这样的判决是支持鼓励企业发展循环经济的具体体现。

▌ 习近平法治思想指引 ▌

要突出抓好能源、工业、建筑、交通等重点领域资源节约，发挥科技创新支撑作用，促进生产领域节能降碳。加快建立体现资源稀缺程度、生态损害成本、环境污染代价的资源价格形成机制。

——习近平 2016 年 8 月 30 日在中央全面深化改革领导小组第二十七次
会议上的讲话

3. 领导干部应当科学编制循环经济发展规划，严格执行规划内容，督促重点任务按时完成

第十二条 国务院循环经济发展综合管理部门会同国务院生态环境等

有关主管部门编制全国循环经济发展规划，报国务院批准后公布施行。设区的市级以上地方人民政府循环经济发展综合管理部门会同本级人民政府生态环境等有关主管部门编制本行政区域循环经济发展规划，报本级人民政府批准后公布施行。

循环经济发展规划应当包括规划目标、适用范围、主要内容、重点任务和保障措施等，并规定资源产出率、废物再利用和资源化率等指标。

▌ 法条解读 ▌

本条是对循环经济发展规划制度的规定。在推行循环经济的实践中，规划始终扮演着重要角色，成为重要内容和有效工具。虽然循环经济发展规划的编制工作由国家发展和改革委员会负责，但考虑到发展循环经济离不开生态环境、科学技术、农业农村、住房城乡建设等部门的支持，所以本条第1款规定循环经济发展综合管理部门会同有关主管部门编制循环经济发展规划。

规划的主要内容应明确资源节约型和环境友好型社会的各项要求，以国民经济和社会发展规划、区域规划为基础，编制资源节约、减量、再利用和再循环的综合规划，同时针对重点或突出问题开展重要专项规划（节水、节能、废物循环等）、重点区域规划（工业带、农业区、矿区等）和重大问题（城乡规划、园区建设）的研究工作。

规划的重点任务首先是充分考虑资源条件、产业布局、市场需求以及经济和环境成本，再根据区域特点和发展形势，在生产、流通和消费领域有侧重地选择重点行业和企业，开展节能、节水、节材、节地和综合利用活动。

规划的保障措施应明确建立循环经济评价指标体系，加强分类指导，完善相关法律法规，建立有效的激励和约束机制，探索在市场经济条件下推动循环经济发展，建设资源节约型、环境友好型社会的思路和对策措施。

▌ 典型案例 ▌

为促进循环经济发展，全面提升资源利用效率，助力实现碳达峰碳中和目标，依据国家发展和改革委员会印发的"十四五"循环经济发展规划和重庆市人民政府印发的《重庆市国民经济和社会发展第十四个五年规划和二〇三五年远景目标纲要》，重庆市发展和改革委员会于 2022 年 6 月 20 日印发了《重庆市"十四五"循环经济发展规划》(渝发改资环〔2022〕751 号)。规划分析了"十三五"期间的发展现状和"十四五"期间面临的形势；明确提出了到 2025 年，全市循环经济发展水平要显著提升，循环型生产方式要全面推行，绿色设计和清洁生产要普遍推广，资源综合利用能力要显著增强，基本建立现代化循环型产业体系，基本建成覆盖全社会的资源循环利用体系，相比 2020 年主要资源产出率要提高约 20%，单位 GDP 能源消耗要下降 14%，单位 GDP 用水量要降低 15% 以上的发展目标；同时提出了城市废旧物资循环利用体系建设工程、园区绿色低碳循环发展促进工程、大宗工业固废综合利用示范工程、建筑垃圾资源化利用示范工程、循环经济关键技术与装备创新工程、污水资源化利用示范工程、生态循环农业示范工程、再制造产业高质量发展行动、废弃电器电子产品回收利用提质行动、汽车使用全生命周期管理推进行动、塑料污染全链条治理专项行动、快递包装绿色转型推进行动、废旧动力电池循环利用行动等 13 个重点工程和行动以及保障措施。

案例解读

在全国加快推进经济体系优化升级的背景下，重庆积极践行绿色低碳循环发展理念，由市发展和改革委员会牵头，科学合理制定 2021—2025 年循环经济发展规划。按照循环经济发展方式，推行绿色产品供应，强化重点行业清洁生产，大力发展静脉产业园，推进城市废弃物协同处置，规范二手商品市场，加快畜禽粪污资源化利用，构建循环型产业体系，着力提高资源利用效率。奋斗在经济社会建设各行各业的领导干部，有必要研读两级规划，学习掌握当前循环经济发展的主要内容、重点任务和保障措施，把中央的指示和市委的部署落实在具体工作中。

▌ 习近平法治思想指引 ▌

单纯依靠刺激政策和政府对经济大规模直接干预的增长，只治标、不治本，而建立在大量资源消耗、环境污染基础上的增长则更难以持久。要提高经济增长质量和效益，避免单纯以国内生产总值增长率论英雄。

——习近平 2013 年 9 月 5 日在二十国集团领导人第八次峰会第一阶段

会议上的发言

要完善环境保护、节能减排约束性指标管理，建立健全稳定的财政资金投入机制。要全面实行排污许可制，推进排污权、用能权、用水权、碳排放权市场化交易，建立健全风险管控机制。要大力宣传绿色文明，增强全民节约意识、环保意识、生态意识，倡导简约适度、绿色低碳的生活方式，把建设美丽中国转化为全体人民自觉行动。

——习近平 2021 年 4 月 30 日在十九届中央政治局第二十九次集体学习
时的讲话

4. 领导干部应当积极参与国家节水行动，加强对工业企业尤其是重点用水企业的管理监督

> 第二十条　工业企业应当采用先进或者适用的节水技术、工艺和设备，制定并实施节水计划，加强节水管理，对生产用水进行全过程控制。
>
> 工业企业应当加强用水计量管理，配备和使用合格的用水计量器具，建立水耗统计和用水状况分析制度。
>
> 新建、改建、扩建建设项目，应当配套建设节水设施。节水设施应当与主体工程同时设计、同时施工、同时投产使用。
>
> 国家鼓励和支持沿海地区进行海水淡化和海水直接利用，节约淡水资源。

▌▌▌ 法条解读 ▌▌▌

本条是对工业企业节水与用水计量管理、节水设施"三同时"和海水利用的规定。

第 1 款从三个方面对工业企业节水作出了规定。一是要求工业企业采用先进或者适用的节水技术、工艺、设备，但具体采用或者开发何种节水技术、工艺、设备，由企业自主决定；二是要求所有工业企业根据国家规定的节水定额或者指标制订企业的节水计划；三是规定工业企业加强节水管理，通过健全企业节水管理制度和管理体系，实现企业生产用水全过程控制。

第 2 款从加强用水计量管理，配备和使用合格的用水计量器具，建立水耗统计和用水状况分析制度三个方面进行规定。用水计量和统计是工业企业

节水的两项基础工作，按照有关技术标准配备和使用合格的用水计量器具是节水计量管理的基本要求。

第 3 款规定按照固定资产投资方式进行的开发建设活动（包括技术改造项目）应当配套建设节水设施，且与主体工程同时设计、同时施工、同时投产使用。节水设施建设参照《中国节水技术政策大纲》。

第 4 款是鼓励性条款，主要是针对我国东北、华北、华东沿海缺水城市，提出了积极发展海水淡化和输配技术、加快发展低成本海水淡化技术和直接利用技术的要求。

▌▌典型案例▌▌

津沽再生水厂节水技术实现污水再生利用

天津是一座资源性缺水城市，为加快城市污水资源化利用，充分开发再生水作为城市第二水资源，缓解城市缺水问题，天津市政府批准成立了天津中水有限公司，2014 年完成津沽再生水厂建设项目。津沽再生水厂针对天津污水高含盐量的特点，通过双膜法处理流程，以污水处理厂出水为原水，采用"超滤＋部分反渗透＋臭氧＋次氯消毒"工艺，设置 8 组超滤系统去除浊度、悬浮物及部分细菌，设置 7 组反渗透膜去除粒子性指标，通过次氯消毒杀灭污水中的病原体微生物。同时，化验人员每天取样化验两次，判断水质是否正常，并做好数据统计，如遇水质出现异常情况，及时将重要水质指标上报并进行应急处理。2022 年津沽再生水厂运行 365 天，在满足国家污水再生利用《城市污水再生利用城市杂用水水质》《城市污水再生利用景观环境用水水质》《城市污水再生利用工业用水水质》等相关标准的情况下，实现再生水用于城市道路清扫、绿化浇灌、补湖、工业冷却等，再利用量达 1 136.43 万立方米，有效节省了等量优质地表水资源。

案例解读

党的十八大以来，党中央把生态文明建设摆在全局工作的突出位置，将建设美丽中国纳入执政理念、写进"十三五"规划，作为全面建设社会主义现代化国家的重要目标和实现中华民族伟大复兴中国梦的重要内容。中共中央、国务院于 2023 年 12 月 27 日出台了《关于全面推进美丽中国建设的意见》，明确提出要持续深化重点领域节能，加强新型基础设施用能管理，深入实施国家节水行动，强化用水总量和强度双控，提升重点用水行业、产品用水效率，积极推动污水资源化利用，加强非常规水源配置利用。津沽再生水厂通过先进的节水技术，实现污水再生利用，是践行国家节水要求的先进典型。领导干部要熟悉节水行动方案的内容，提升节水意识，严格用水过程管理，强化节水监督考核，努力让水资源节约和循环利用达到世界先进水平，实现到 2035 年全国用水总量严格控制在 7 000 亿立方米以内的目标。

▍▍▍ 习近平法治思想指引 ▍▍▍

推进资源全面节约和循环利用，实施国家节水行动，降低能耗、物耗，实现生产系统和生活系统循环链接。

——（习近平 2017 年 10 月 18 日在中国共产党第十九次全国代表大会上的报告）

5. 领导干部应当合理布局产业园企业，发挥产业集聚和生态效应，促进资源高效循环使用

第二十九条　县级以上人民政府应当统筹规划区域经济布局，合理调整产业结构，促进企业在资源综合利用等领域进行合作，实现资源的高效利用和循环使用。

各类产业园区应当组织区内企业进行资源综合利用，促进循环经济发展。

国家鼓励各类产业园区的企业进行废物交换利用、能量梯级利用、土地集约利用、水的分类利用和循环使用，共同使用基础设施和其他有关设施。

新建和改造各类产业园区应当依法进行环境影响评价，并采取生态保护和污染控制措施，确保本区域的环境质量达到规定的标准。

▍▍▍ 法条解读 ▍▍▍

本条是对区域循环经济的界定。循环经济的发展与经济布局和产业结构密切相关，合理规划区域经济布局，加强企业间的资源交换和流动，可以让

一个企业产生的废物与另一个企业需要的能源和原材料匹配，形成资源综合利用产业链，让资源高效利用和循环使用，实现区域循环经济的最终目标。

产业园区发展循环经济的重点在于选择不同类型的工业和农业园区，充分发挥产业集聚和生态效应，提高资源利用率，降低废物最终处置量。开发建设产业园区应该依照《环境影响评价法》进行规划、建设和建设项目环评，按照《环境保护法》《水污染防治法》采取措施，防止造成环境污染。

▌▌ 典型案例 ▌▌

天津子牙循环经济产业区实现多层次循环发展

天津子牙循环经济产业区是国家循环经济示范区，位于天津市静海区西南部，地处京津冀腹地，距天津市区 19 公里，距天津滨海国际机场 43 公里，距天津港 75 公里，距北京市区 120 公里，距石家庄 240 公里，与京沪、京九、京广、天津机场、天津新港形成了立体交通运输网，辐射西北，连接东北，地理位置优越，区位优势明显。产业区是中日循环型城市合作项目，也是目前中国北方最大的循环经济园区，规划面积 135 平方公里，采取"三区联动"发展循环经济，即生产加工区 21 平方公里、林下经济带 20 平方公里、科研居住服务区 9 平方公里，三者之间静脉串联、动脉衔接、产业间动态循环发展。目前，重点发展五大产业，包括废弃电器电子产品产业加工、报废汽车拆解、废弃机电产品精深加工与再制造、废旧橡塑再生利用、节能环保新能源。产业区现有循环经济企业 120 家，年拆解、处理、加工各类工业固废 150 万吨，向国内外市场提供铜 45 万吨、铁 30 万吨、铝 25 万吨、橡塑 30 万吨、其他材料 20 万吨。产业区内众多企业内部实现了"小循环"，一批具备深加工能力的企业之间实现了"中循环"，产业区与外界形成了资源优势互补的"大循环"。

案例解读

循环经济产业园是由若干企业组成的生产群落，产业系统的"生态链"形成产业共生网络，通过企业之间对能源、水、材料等环境资源的综合管理与合作，实现园区成员副产物和废物的交换，能量和废水的利用，基础设施、信息资源、园区管理等方面的共享，从而达到环境和经济效益及社会效益多赢局面。天津循环经济产业园近年来发展迅速，经济总量快速增加，产业链条日益完善，在节约集约利用土地、能源等方面表现突出，是实施《循环经济促进法》的优秀典型。领导干部在招商引资、产业布局、园区规划时，要有意识地整合信息，统筹考虑，在工业园区、农业园区、旅游园区、生态示范区等各种形态园区中推广建立循环经济产业园。

▌ 习近平法治思想指引 ▌

要增加清洁能源供应，调整能源消费结构……加快形成节约资源和保护环境的空间格局、产业结构、生产方式、生活方式。

——习近平 2019 年 1 月 18 日在京津冀协同发展座谈会上的讲话

要完整、准确、全面贯彻新发展理念，坚持把节约资源贯穿于经济社会发展全过程、各领域，推进资源总量管理、科学配置、全面节约、循环利用，提高能源、水、粮食、土地、矿产、原材料等资源利用效率，加快资源利用方式根本转变。

——习近平 2022 年 9 月 6 日在中央全面深化改革委员会第二十七次会议上的讲话

6. 领导干部应当率先垂范践行生活垃圾分类制度，推动垃圾减量化、资源化、无害化处理程度提升

第四十一条　县级以上人民政府应当统筹规划建设城乡生活垃圾分类收集和资源化利用设施，建立和完善分类收集和资源化利用体系，提高生活垃圾资源化率。

县级以上人民政府应当支持企业建设污泥资源化利用和处置设施，提高污泥综合利用水平，防止产生再次污染。

▌ 法条解读 ▌

本条是对生活垃圾和污泥资源化的规定。生活垃圾分为可回收物、有害垃圾、厨余垃圾和其他垃圾四类，通过分类投放、分类收集、分类运输、分

类处理，实现减量化、资源化、无害化。依照《固体废物污染环境防治法》，县级以上人民政府应当统筹安排建设城乡生活垃圾收集、运输、处理设施，提高生活垃圾综合利用和无害化处置水平，促进生活垃圾收集、处理产业化发展，逐步建立和完善生活垃圾污染环境防治社会服务体系。

污泥是城镇污水处理厂处理污水时产生的含有大量重金属的有毒有害物质，可以采用厌氧、好氧和堆肥等方式进行稳定化处理，通过生产肥料、建材产品、农田利用、沼气、电力、热力及燃料等方式加以利用。

▌典型案例▐

重庆三峰环境集团专注垃圾焚烧发电实现资源再利用

重庆三峰环境集团股份有限公司（以下简称"三峰环境"）是一家专业从事生活垃圾焚烧处理项目投资、建设和运营的环保集团公司。其在国内已投资 54 个垃圾焚烧发电项目，日处理生活垃圾近 6 万吨，设备技术应用到全球 239 座垃圾焚烧发电项目中的 393 条焚烧线，日处理生活垃圾超 21 万吨，年发电量 150 亿度。三峰环境是中国最早进入垃圾焚烧发电行业的企业之一，重庆丰盛、成都三峰和六安三峰垃圾焚烧发电厂持续运营时间超过 10 年，三峰百果园和昆明三峰被生态环境部评为全国十佳环保设施开放单位。集团依托垃圾焚烧发电核心设备制造和项目设计建造运营管理，开展烟气排放、飞灰处置等技术攻关，通过优化改进德国马丁 SITY2000 垃圾焚烧技术，有效处理发展中国家低热值、含水率较高的城市居民生活垃圾。经过多年的发展，公司垃圾焚烧发电产业链各业务环节之间相互协同，有效降低项目投资成本，提升了运营效率，促进了技术创新。

案例解读

"十三五"期间，全国新建垃圾无害化处理设施 500 多座，城镇生活垃圾设施处理能力超过 127 万吨 / 日，焚烧设施处理能力 58 万吨 / 日，生活垃圾无害化处理率达 99.2%，46 个重点城市开展生活垃圾分类先行先试、示范引导，基本建成了生活垃圾分类投放、分类收集、分类运输、分类处理系统。"十四五"是生活垃圾分类和处理设施建设的关键时期，按照规划目标，到 2025 年年底，全国城市生活垃圾资源化利用率要达到 60% 左右，城镇焚烧处理能力达到 80 万吨 / 日左右，所以要求各地加快完善垃圾分类设施体系，规范垃圾分类投放方式，进一步健全分类收集设施，加强焚烧设施规划布局，推进既有焚烧设施提标改造，完善可回收物利用产业链，规范有害垃圾处置，补齐飞灰处置设施短板，增加渗滤液处理设备，推动沼渣处置利用。三峰环境加强循环经济科学技术研究创新，采用先进技术工艺，实现低热值燃料综合利用，是这方面的优秀典型。领导干部在日常生活中，要以身作则带头践行生活垃圾分类，在相关领域工作中，要依规实施，助力"三化"目标达成。

▌习近平法治思想指引▌

变废为宝、循环利用是朝阳产业。垃圾是放错位置的资源，把垃圾资源化，化腐朽为神奇，是一门艺术。
——习近平2013年7月22日考察格林美高新技术公司武汉公司时的讲话
要加大垃圾资源化利用力度，大力发展循环经济，减少能源资源浪费。
——习近平2022年1月24日在十九届中央政治局第三十六次集体学习
时的讲话

7. 领导干部应当吃透税收优惠政策，助力企业走上绿色低碳循环发展道路

第四十四条　国家对促进循环经济发展的产业活动给予税收优惠，并运用税收等措施鼓励进口先进的节能、节水、节材等技术、设备和产品，限制在生产过程中耗能高、污染重的产品的出口。具体办法由国务院财政、税务主管部门制定。

企业使用或者生产列入国家清洁生产、资源综合利用等鼓励名录的技术、工艺、设备或者产品的，按照国家有关规定享受税收优惠。

▌法条解读▌

本条是对税收优惠的规定。税收是国家调控经济的重要杠杆，通过税种设置以及税目、税率、加成征收或减免税等，调节社会生产、交换、分配和

消费，促进社会经济健康发展。促进资源节约和环境保护是税收政策支持循环经济发展的主要着力点，但我国运用税收调节政策、推动循环经济发展的范围和力度还有待加强，所以本条第 1 款规定了运用税收等措施鼓励进口先进的节能、节水、节材等技术、设备和产品，限制耗能高、污染重的产品出口。第 2 款是关于企业使用或者生产列入国家清洁生产、资源综合利用等鼓励名录的技术、工艺、设备和产品给予税收优惠的规定，依据《企业所得税法》《清洁生产促进法》等，对享受所得税、增值税、消费税等优惠政策作出规定。

▌ 典型案例 ▌

税费赋能中国铝业集团高端制造股份有限公司绿色发展之路

中国铝业集团高端制造股份有限公司（简称"中铝高端制造"）于 2019 年 9 月由中国铝业集团有限公司和重庆市人民政府合作成立。公司装备了具有国际先进水平的熔铸、热连轧、冷连轧、中厚板、锻造、挤压等生产线，拥有铝加工完整产业链，主产各种用途的铝及铝合金板、带、箔、管、棒、型材及锻件。中铝高端制造落户重庆以来，积极践行循环经济发展理念，走绿色低碳高质量发展道路，为国家重点工程提供高精尖铝合金材料。为了企业优质发展，税务部门给予了大力帮助，税务人员上门宣传增值税留抵退税新政策，提供个性化、精细化服务，帮助公司及时足额享受政策优惠。2022 年，中铝高端制造重庆区域企业享受的各类财税优惠政策中，减免税费金额占比近 93%。税费优惠政策助力中铝高端制造重庆地区企业经营实现历史性突破，营业收入同比提高近 50%，中国铝业集团旗下的子公司西南铝业实现扭亏为盈。在中铝高端制造筹备上市的过程中，重庆市九龙坡区税务局还成立了税收服务团队，梳理相关税收优惠政策，汇集成《中国铝业集团高端制造股份有限公司税费优惠政策指引》，根据企业特点与项目进度，提供针对性政策辅导，帮助企业减少上市涉税风险。

案例解读

我国资源相对短缺而消耗量大，经济发展与生态环境保护之间的矛盾尖锐，通过相关的税收政策进行调节显得越来越重要。领导干部了解和掌握与循环经济发展相关的税收优惠政策，才能更好地帮扶企业健康发展。比如在增值税方面，一是对再生水等部分自产货物实行免征，二是对以垃圾为燃料生产的电力或者热力等部分自产货物实行即征即退，三是对以退役军用发射药为原料生产的涂料硝化棉粉等部分自产货物实行即征即退50%，四是对销售自产的综合利用生物柴油实行先征后退，五是对污水处理劳务免征增值税；在消费税方面，为促进替代污染排放汽车的生产和消费，对生产销售达到低污染排放值的小轿车、越野车和小客车减征30%的消费税；在所得税方面，企业从事公共污水处理、公共垃圾处理、沼气综合开发利用、节能减排技术改造、海水淡化等项目的所得，自项目取得第一笔生产经营收入所属纳税年度起，第一年至第三年可免征企业所得税，第四年至第六年可减半征收企业所得税等。

▌▌▌ 习近平法治思想指引 ▌▌▌

要站在人与自然和谐共生的高度谋划发展，通过高水平环境保护，不断塑造发展的新动能、新优势，着力构建绿色低碳循环经济体系，有效降低发展的资源环境代价，持续增强发展的潜力和后劲。

要完善绿色低碳发展经济政策，强化财政支持、税收政策支持、金融支持、价格政策支持。

——习近平2023年7月17日至18日在全国生态环境保护大会上的讲话

8. 领导干部应当尽职履责，依法对违反循环经济促进法的行为进行查处

第四十九条　县级以上人民政府循环经济发展综合管理部门或者其他有关主管部门发现违反本法的行为或者接到对违法行为的举报后不予查处，或者有其他不依法履行监督管理职责行为的，由本级人民政府或者上一级人民政府有关主管部门责令改正，对直接负责的主管人员和其他直接责任人员依法给予处分。

▌▌▌ 法条解读 ▌▌▌

本条是针对第5条对循环经济监督管理部门不依法履行监督管理职责的

法律责任的规定。

适用本条的行为构成应当具备以下要件：违法主体是县级以上人民政府循环经济发展综合管理部门或者其他有关主管部门；违法行为包括发现违反本法的行为或者接到对违法行为的举报后不予查处和有其他不依法履行监督管理职责的行为；法律责任包括责令改正和处分；处罚主体是本级人民政府或者上一级人民政府有关主管部门。

▌▌▌ 典型案例 ▌▌▌

从 2012 年至 2013 年，湖南省湘潭县恒盛化工有限公司存在环境违法行为，且未按期取得"危险废物经营许可证"，该县环保局下达了限期整改决定书。县环保局执法大队队长罗某负责监督整改执行情况，但他工作拖沓散漫，责任心不强，对案件不重视，以各种理由拖延工作进度。由于罗某不执法不监管的躺平态度，放任企业违法生产行为继续发生，给社会带来了负面影响。2014 年 7 月 31 日，该县人民政府召开专题会议，部署了县环保局落实恒盛化工有限公司停产整顿等工作，但事后县环保局落实会议要求不到位。2014 年 8 月 14 日，经县监察局局长办公会议研究，决定给予县环保局党组书记、局长邹某行政警告处分，县环保局执法大队队长罗某行政记过处分。

案例解读

上述典型案例中，罗某对违反《循环经济促进法》的行为不依法履行监督管理职责被记过，邹某因负领导责任被警告，两名公职人员工作作风懈怠、工作态度恶劣，都违反了《循环经济促进法》第 49 条的规定，影响恶劣，理应受到党纪政纪处分。领导干部在工作中要避免怠政懒政思想，应做到积极履职，真正成为生态环境保护卫士。

▌▌▌ 习近平法治思想指引 ▌▌▌

坚持依法治国、依法执政、依法行政共同推进，法治国家、法治政府、法治社会一体建设……坚持全面推进科学立法、严格执法、公正司法、全民守法。

——习近平 2020 年 11 月 16 日在中央全面依法治国工作会议上的讲话

《中华人民共和国乡村振兴促进法》

重点条文解读

导 学

　　乡村振兴是党和国家在脱贫攻坚完成后促进农业农村发展的又一重大举措。党的十九大提出实施乡村振兴战略，要求坚持农业农村优先发展。《乡村振兴战略规划（2018—2022 年）》的出台为全面推进乡村振兴擘画了方向。《中华人民共和国乡村振兴促进法》（以下简称《乡村振兴促进法》）在此背景下顺势出台。《乡村振兴促进法》于 2021 年 6 月 1 日起正式施行，该法共 10 章 74 条，为全面推进乡村振兴提供了有力的法律保障。《乡村振兴促进法》是第一部以乡村振兴命名的基础性、综合性法律，也是全面推进乡村振兴制度体系的重要组成部分。当前，乡村振兴已经成为农村工作的重点事项、中心工作，《乡村振兴促进法》即成为政府部门开展乡村振兴各类工作的"规矩绳墨"：第一，乡村振兴需依法谋划。五大振兴的推进须恪遵该法，以有序促进农业全面升级、农村全面进步、农民全面发展。第二，乡村振兴要助农有法。应始终以"农"为本，坚持农民主体地位。第三，乡村振兴应依法履职。政府部门在积极有为的同时更需依法而为，据法履职。

　　在本部法律中，政府部门应重点关注该法"总则"和乡村"五大振兴"的内容和要求，理解该法的目标和适用范围，掌握乡村振兴的总要求和基本原则，注重其以产业发展为先导依法推进乡村全面振兴、加快农业农村现代化发展的基本思路。

1. 领导干部应了解乡村振兴战略的实施目标

第一条 为了全面实施乡村振兴战略，促进农业全面升级、农村全面进步、农民全面发展，加快农业农村现代化，全面建设社会主义现代化国家，制定本法。

▌ 法条解读 ▌

本条为该法的立法目的。实施乡村振兴战略是新时代"三农"工作的"总抓手"，推进乡村振兴是党和国家农业农村的中心工作。农业农村现代化是乡村振兴的总目标，而促进农业全面升级、农村全面进步、农民全面发展则是此总目标之下乡村振兴具体的工作方向。我国发展最大的不平衡是城乡发展不平衡，最大的不充分是城乡发展不充分，实施乡村振兴战略是关系全面建设社会主义现代化国家的全局性、历史性任务。

▌ 典型案例 ▌

四川省成都市郫都区唐昌镇战旗村是闻名遐迩的乡村振兴示范村。该村从 20 世纪 60 年代中期就"深度负债"，但是，在村领导班子带领下发扬艰苦奋斗精神，通过改造农田发展生产，摘掉了落后、贫困的帽子。在连续几任村支书的带领下，战旗村人谱写了发展农业、建设农村、致富农民的壮丽篇章：先后荣获"全国文明村"、四川省"创先争优"先进基层组织、四川省"四好村"、"四川省百强名村"。

案例解读

纵观战旗村的发展历程，其正是在党组织的带领下，将农业、农村、农民作为发展的中心主线：首先是农业。不论是在集体化时期，还是在包产到户后，战旗村人都能够集中力量，抓住机遇。在保障粮食安全的前提下，该村实现多产业融合发展，如生产郫县豆瓣、发展乡村旅游等。其次是农村。通过村集体牢牢掌控集体经济的控制权，集体中各类公共事务的开展便始终有良好保障。在集体资产入市改革后，战旗村同步推动"乡村十八坊""郫县豆瓣非物质文化遗产展示区"的建设，并积极改善村内环境，打造景区级人居环境。最后是农民。战旗村始终以村"两委"班子为核心，建设和发展乡村文化，通过"三问三亮"党建活动等调动村民参与村庄建设的积极性，通过敦化民风建设和谐社区。

▌ 习近平法治思想指引 ▌

农业强国是社会主义现代化强国的根基。农业是基础，基础不牢大厦不稳。无论社会现代化程度有多高，14 亿多人口的粮食和重要农产品稳定供给始终是头等大事。满足人民美好生活需要，离不开农业发展。

——习近平 2022 年 12 月 23 日至 24 日在中央农村工作会议上的讲话

2. 领导干部应了解乡村振兴战略的总要求

第三条 促进乡村振兴应当按照产业兴旺、生态宜居、乡风文明、治理有效、生活富裕的总要求，统筹推进农村经济建设、政治建设、文化建设、社会建设、生态文明建设和党的建设，充分发挥乡村在保障农产品供给和粮食安全、保护生态环境、传承发展中华民族优秀传统文化等方面的特有功能。

▌ 法条解读 ▌

本条介绍了乡村振兴的总要求，即产业兴旺、生态宜居、乡风文明、治理有效、生活富裕五个方面，大体和乡村"五大振兴"对应。同时，本条指出了推进乡村建设的具体方面，经济建设、政治建设、文化建设、社会建设、生态文明建设和党的建设要协同推进，表明推进乡村振兴是全方位的。在推进乡村振兴过程中，乡村所具有的独特功能不能丢失，实际上，保障农产品供给和粮食安全，保护生态环境以及传承发展中华民族优秀传统文化正是乡村独特性的展现，也是开展乡村振兴的基础和前提。

▌ 典型案例 ▌

贵州黔东南黎平县双江镇黄岗村位于黔东南苗岭群山之间，地处贵州、湖南、广西交界地带。该区域气候湿润、植被丰富，自古以来就是鱼米之乡。黄岗村在脱贫攻坚和乡村振兴的实践中，通过多产业融合发展，在保留侗族村寨特色的同时，又将侗寨加以美化和改造，借助民族传统文化的优势特色发展村庄经济。在农业生产上通过稻、鸭、鱼共养，构建绿色生态系统，发展生态循环农业。在第二产业上，通过民族特色手工艺品销售发展第二产业；在第三产业上，通过组建民族乐队、重唱侗族歌曲，促进乡村旅游业的发展。

案例解读

观察黄岗村的发展模式，不难发现，该村庄将侗寨文化"用活""融汇"，从而为村庄文化注入了持续的发展动力。一方面，在发展中始终坚守村庄本色。坚持种植和改良"香禾糯"水稻品种，保障粮食的自给自足，同时促进增产增收；探索稻、鸭、鱼生态种养模式，维护农业生态环境；传承非遗文化"侗族大歌"，以现代方式颂扬传统。另一方面，在发展中始终依循乡村振兴的总要求，以产业振兴带动农民致富为先导，在政府支持下，在经济发展中改造、美化家园。

▌▌▌ 习近平法治思想指引 ▌▌▌

我们要坚持用大历史观来看待农业、农村、农民问题，只有深刻理解了"三农"问题，才能更好理解我们这个党、这个国家、这个民族。必须看到，全面建设社会主义现代化国家，实现中华民族伟大复兴，最艰巨最繁重的任务依然在农村，最广泛最深厚的基础依然在农村。

——习近平 2020 年 12 月 28 日在中央农村工作会议上的讲话

3. 领导干部应了解乡村振兴战略的实施原则

第四条　全面实施乡村振兴战略，应当坚持中国共产党的领导，贯彻创新、协调、绿色、开放、共享的新发展理念，走中国特色社会主义乡村振兴道路，促进共同富裕，遵循以下原则：

（一）坚持农业农村优先发展，在干部配备上优先考虑，在要素配置上优先满足，在资金投入上优先保障，在公共服务上优先安排；

（二）坚持农民主体地位，充分尊重农民意愿，保障农民民主权利和其他合法权益，调动农民的积极性、主动性、创造性，维护农民根本利益；

（三）坚持人与自然和谐共生，统筹山水林田湖草沙系统治理，推动绿色发展，推进生态文明建设；

（四）坚持改革创新，充分发挥市场在资源配置中的决定性作用，更好发挥政府作用，推进农业供给侧结构性改革和高质量发展，不断解放和发展乡村社会生产力，激发农村发展活力；

（五）坚持因地制宜、规划先行、循序渐进，顺应村庄发展规律，根据乡村的历史文化、发展现状、区位条件、资源禀赋、产业基础分类推进。

‖ 法条解读 ‖

本条规定了乡村振兴的原则。全面推进乡村振兴，党的领导是前提和关键。在《乡村振兴战略规划（2018—2022年）》（以下简称《规划》）中所规定的乡村振兴的原则包括：坚持党管农村工作，坚持农业农村优先发展，坚持农民主体地位，坚持乡村全面振兴，坚持城乡融合发展，坚持人与自然和谐共生，坚持改革创新、激发活力，坚持因地制宜、循序渐进。由此可以看出，党的领导始终是首要。《乡村振兴促进法》所列原则在《规划》的基础上进行了一定调整和凝练，使其更有针对性且更具操作性，在指导乡村振兴的实践中能更好地发挥指引作用。

‖ 典型案例 ‖

各地在具体的乡村振兴规划中进一步细化、落实党和国家有关乡村振兴的原则要求。在《重庆市渝北区乡村振兴"十四五"规划》中，渝北区将乡村振兴的原则归纳为坚持党管农村工作要求、坚持农业农村优先发展、坚持农民主体地位、坚持改革创新激发活力、坚持因地制宜循序渐进。同时该规划对每条原则作了进一步阐述，以更好地指导地方乡村振兴实践。在渝北区洛碛镇的大天池村，其遵循乡村振兴的基本原则，在当地政府的支持下，通过传统村落改造，让"新"与"旧"共生。2021年，大天池村被列为渝北乡村振兴示范村，全力推进"五大振兴"。该村通过农旅融合，建设蔬菜生产基地，发展绿色农业。同时围绕当地的天池水景与苍翠山色开展乡村旅游建设。

案例解读

该村在区、镇两级政府的支持下，大力开展人居环境整治，秉持"修旧如旧"的修缮思路，以"八改六化"为标准，突出巴渝民居八大核心要素，对农房进行整治提升，并沿线打造人居环境示范片，开展"保洁、植绿、拆棚、排危"综合整治。在整个项目开发过程中，项目团队充分尊重村民意见，保证村民能获得更多收益。毫无疑问，该村的发展贯彻了创新、协调、绿色、开放、共享的新发展理念，坚持了党的领导、坚持了农民的主体地位、坚持了改革创新与因地制宜相结合，实现了村庄新生。

▓ 习近平法治思想指引 ▓

农村基层党组织是党在农村全部工作和战斗力的基础。要健全村党组织领导的村级组织体系，把农村基层党组织建设成为有效实现党的领导的坚强战斗堡垒，把村级自治组织、集体经济组织、农民合作组织、各类社会组织等紧紧团结在党组织的周围，团结带领农民群众听党话、感党恩、跟党走。

——习近平 2022 年 12 月 23 日在中央农村工作会议上的讲话

4.领导干部应了解乡村产业振兴的基本原则

第十二条　国家完善农村集体产权制度，增强农村集体所有制经济发展活力，促进集体资产保值增值，确保农民受益。

各级人民政府应当坚持以农民为主体，以乡村优势特色资源为依托，支持、促进农村一二三产业融合发展，推动建立现代农业产业体系、生产体系和经营体系，推进数字乡村建设，培育新产业、新业态、新模式和新型农业经营主体，促进小农户和现代农业发展有机衔接。

▓ 法条解读 ▓

本条是产业振兴的总纲。本条第 1 款规定了产业振兴应当以发展壮大集体经济为坚守和主要途径，同时要确保农民在此过程中受益。第 2 款则是对促进农村一二三产业融合发展更为细致的要求。2015 年的中央一号文件首次提出促进农村一二三产业融合发展，推动建立现代农业产业体系、生产体系和经营体系。2015 年国务院办公厅发布《关于推进农村一二三产业融合发展的指导意见》。此后，在党的十九大报告和"十四五"规划中均提出要促进一二三产业融合发展。一二三产业融合发展的重点是构建全产业链全价值链，关键点是融合之后产生的利润比单纯每个产业之和更高，核心是让农民分享二三产业增值收益。

▌▌ 典型案例 ▌▌

在农业农村现代化持续推进中，集体经济发展越来越成为村庄经济持久发展、农民持续受益的重要保障。众多经济发展较好的村庄始终坚持以集体经济发展为主干，集体成员均能从集体的发展中获益。以河南临颍南街村为例。该村为全国名村，20 世纪 80 年代初，该村曾短暂实行包产到户，但随即出现了粮食产量下降、集体和村民难以从中获益的情况。为改变此状况，该村开始陆续收回集体企业，并按照自愿原则收回发包给农民的土地。在此基础上，南街村坚持农村本色，以农业产业发展为基点，进而发展与之相关的工业，如方便食品、酒类等，此后逐步扩大产业门类，逐步形成以食品产业为主导的循环性产业链条。相关数据显示，南街村集体企业的产值从最初的几十万元发展到 2007 年实缴资本过亿，其发展历程很好地证明了"集中力量办大事"的道理。

案例解读

总的来看，在以集体经济为基础的前提下，南街村筑牢了农业根基，只有让村庄产业发展的"根"始终"接地气"，才能延绵不绝。而后南街村稳扎稳打、步步为营，通过持续的产业结构升级和产品结构优化，不断延长产业链，实现产品深加工，提高产品附加值。同时凭借全国文明村的名气发展旅游业、服务业等第三产业。

▓ 习近平法治思想指引 ▓

发展集体经济必须尊重群众意愿、遵循市场规律，不能走"归大堆"的老路子。要健全农村集体资产监管体系，严格控制集体经营风险，坚决遏止新增债务，充分保障集体成员的知情权、参与权、监督权，决不能让集体经济变成少数人的"小金库"。

——习近平 2022 年 12 月 23 日在中央农村工作会议上的讲话

2. 领导干部应了解乡村一二三产业融合发展的基本方法

> 第十九条　各级人民政府应当发挥农村资源和生态优势，支持特色农业、休闲农业、现代农产品加工业、乡村手工业、绿色建材、红色旅游、乡村旅游、康养和乡村物流、电子商务等乡村产业的发展；引导新型经营主体通过特色化、专业化经营，合理配置生产要素，促进乡村产业深度融合；支持特色农产品优势区、现代农业产业园、农业科技园、农村创业园、休闲农业和乡村旅游重点村镇等的建设；统筹农产品生产地、集散地、销售地市场建设，加强农产品流通骨干网络和冷链物流体系建设；鼓励企业获得国际通行的农产品认证，增强乡村产业竞争力。
>
> 发展乡村产业应当符合国土空间规划和产业政策、环境保护的要求。

▓ 法条解读 ▓

本条是关于一二三产业融合发展的具体要求。第 1 款具体阐述了当前农村重点发展的产业类别：一是在农林牧渔产业基础上延伸的产业，包括特色农业等，为人们体验农耕文化提供了渠道；现代农产品加工业等则延伸了农业产业链。二是依托乡村特色资源的产业。如依托革命旧址、历史故事等可发展红色旅游。三是国家建立引导示范性的园区建设。现代农业产业园、农业科技园等既可促进新技术应用，也可成为人们观光旅游的景点。四是加强农产品流通体系建设。国家通过统筹各类农产品市场建设，促进农产品流通顺畅。第 2 款则强调乡村产业发展应合法合规。

▌典型案例 ▌

位于安徽省歙县的卖花渔村是一个历史悠久的小村庄，依靠种植盆景的历史传统和技艺传承。卖花渔村户户有景，家家种花，发展庭院经济。村庄农户仅 200 多户，售卖盆景的数量却能达到每年 3 万多株，每年经济效益超过千万元，真正实现了技艺传承与经济价值开发的"双收"，而村民的收入也在这样一种"美丽经济"中得以增长。同时，土地流转政策的实施，扩大了村庄苗木的种植空间，"卖一株种两株"的理念更让村庄始终留住绿水青山，村庄道路的修建畅通了盆景的运输销售，网络直播的运用更打开了盆景销售的广阔市场。

案例解读

观察卖花渔村的产业发展模式，不难发现，其巧妙且充分地调动了生产中的各要素，通过这些要素的合理配置，最终形成村庄发展的独特优势。首先，种养盆景的传统让村庄在发展盆景经济上有着独特优势和深厚基础。其次，对自然生态的重视让盆景发展生生不息。再次，通过土地流转扩大苗木种植空间。最后，运用现代网络技术拓展销售市场。在传统技艺与现代技术的结合中，充分展现了盆景这一"无声的诗""立体的画"所包含的经济与艺术价值。

▌习近平法治思想指引 ▌

要积极发展农产品加工业，优化产业布局，推动农村由卖原字号向卖制成品转变，把增值收益更多留在县域。发展乡村旅游、休闲农业、文化体验、健康养老、电子商务等新产业新业态，既要有速度，更要高质量，实现健康可持续。

——习近平 2020 年 12 月 28 日在中央农村工作会议上的讲话

5. 领导干部应了解乡村人才振兴的基本要求

第二十四条 国家健全乡村人才工作体制机制，采取措施鼓励和支持社会各方面提供教育培训、技术支持、创业指导等服务，培养本土人才，引导城市人才下乡，推动专业人才服务乡村，促进农业农村人才队伍建设。

▌法条解读 ▌

本条是关于乡村人才工作体制机制建设的规定。党的十八大以来，中央提出要加快确立人才优先发展战略布局，推动农业农村人才队伍不断发展壮大，为农业农村发展取得历史性成就、发生历史性变革提供有力支撑。2021年，农业农村部制定了《"十四五"农业农村人才队伍建设发展规划》，为培养造就一支高素质农业农村人才队伍谋定了发展的道路和方向。总的来说，农业农村人才培养有三大机制：一是健全本土人才培养机制，二是丰富外部人才引进机制，三是完善人才保障机制。通过这三大机制，真正实现人才对乡村振兴的支撑。

▌典型案例 ▌

石某，中国人民大学农业与农村发展学院博士，同时也是分享收获（北京）农业发展公司董事长。程某，同为中国人民大学农业与农村发展学院博士。这对博士夫妇与农业有着不解之缘。从2009年创办"小毛驴市民农园"项目，到2012年创办"分享收获"农场，从事农业十余年的石某夫妇始终在蔬菜大棚和鸡舍之间忙碌，与北京郊区的村民同作同息。石某是国内第一位公费去美国务农（"洋插队"）的学生。在留学务农期间，石某领悟到流行西方的CSA模式的精髓：农场与消费者之间建立共担风险、共享收益的关系，以互相信任解决食品安全问题。回国后，石某和伙伴先后创立了"小毛驴农园"和"分享收获"平台，并组建全国CSA联盟，发展有机农业。

案例解读

石某夫妇的创业故事生动展现了人才推动农业生产模式、消费模式变化，传播先进农业生产理念的深层力量。两人既是国家培养的农业人才，同时又培养、激励了一大批人才投身农业、奔赴乡村。他们的经历证明了乡村人才的培养，需要有政策的支持，需要有适当的环境，更需要对农业农村怀有独特的理想信念，最后才可能形成"何因不归去，淮上有秋山"式的对乡村的感念与归依，也才可能让人才去得了、用得上、站得稳、留得下。

▍ 习近平法治思想指引 ▍

要着力培养一批乡村人才，重点加强村党组织书记和新型农业经营主体带头人培训，全面提升农民素质素养，育好用好乡土人才。同时，要引进一批人才，有序引导大学毕业生到乡、能人回乡、农民工返乡、企业家入乡，创造机会、畅通渠道、营造环境，帮助解决职业发展、社会保障等后顾之忧，让其留得下、能创业。

——习近平 2022 年 12 月 23 日在中央农村工作会议上的讲话

6. 领导干部应了解乡村文化振兴的基本要求

第三十三条　县级以上地方人民政府应当坚持规划引导、典型示范，有计划地建设特色鲜明、优势突出的农业文化展示区、文化产业特色村落，发展乡村特色文化体育产业，推动乡村地区传统工艺振兴，积极推动智慧广电乡村建设，活跃繁荣农村文化市场。

▍ 法条解读 ▍

本条是关于乡村文化产业发展的规定。县级以上地方人民政府是发展农村文化体育产业，活跃繁荣农村文化市场的主要推动力量。发展乡村特色文化产业是乡村文化建设的重要内容，是活跃繁荣农村文化市场的重要抓手，也是推进一二三产业融合发展的重要途径。各地在发展乡村特色文化产业方面进行了有益探索：一是打造乡村特色文化产品和服务，二是坚持突出地域特色，三是坚持传统与现代融合。将发展乡村特色文化产业写入法律，为乡村特色文化产业发展提供了法律支撑。

▍ 典型案例 ▍

乡村体育赛事借助网络力量传播，能够有效推动举办体育赛事所在村镇乃至县域经济的发展，贵州"村超""村BA"的"出圈"即是良好的例证。游客来榕江观看"村超"的同时，也给当地带来了丰厚的回报。据统计，在"村超"火爆的几个月份，榕江住宿业营业收入高达3 000多万元。到2023年"村超"结束时，榕江已吸引游客200万多人次，实现旅游综合收入近30亿元。同时，由于"村超"IP的成功塑造，其逐步成为当地乡村可以持续利用的一块"流量招牌"。

案例解读

榕江乡村振兴的发展实例生动展现了文化体育产业发展对于推动整个乡村振兴发展的作用。"村超"的发展源于当地村民对于足球这一体育活动的热爱，地方政府借助这一传统的乡村活动，加上地方富有民族特色的人文环境以及各类活动，最终成功地将地方各类生产要素有机结合，形成了能够带来经济效益、拉动经济增长的"新引擎"。"村超"的成功表明要善于开发利用当地既有的特色文化资源，利用现代传媒技术，将特色资源优势转化为能带动经济发展、带动乡村振兴的动力。

▌▌▌习近平法治思想指引▌▌▌

要善于分析新的市场环境、新的技术条件，用好新的营销手段，打开视野来用好当地资源，注重开发农业产业新功能、农村生态新价值，如发展生态旅游、民俗文化、休闲观光等。

——习近平2022年12月23日在中央农村工作会议上的讲话

7. 领导干部应了解乡村生态振兴的基本要求

第三十四条 国家健全重要生态系统保护制度和生态保护补偿机制，实施重要生态系统保护和修复工程，加强乡村生态保护和环境治理，绿化美化乡村环境，建设美丽乡村。

▌▌▌法条解读▌▌▌

本条是关于乡村生态振兴总体思路的规定。我国经济进入高质量发展阶段，生态环境的支撑作用越来越明显。乡村振兴必须正确处理生产生活与生态环境的关系：一是健全生态保护补偿机制。加大对重点生态功能区转移支付力度，建立省以下生态保护补偿资金投入机制。二是制定休养生息制度。其中的重点是对农用地实行休养生息。在生态文明法治背景下，促进农业可持续发展，让农用地休养生息，有助于形成稳定的良好的生态系统，改善生态环境。三是明确政府各方责任。中央对此出台了相关办法，细化党委和政府主要领导成员的"责任清单"，将行为追责和后果追责相结合，并将终身追责作为基本原则。

▌典型案例▌

三明市常口村是我国"碳票"第一村。2021年5月18日，全国第一张林业"碳票"在常口村诞生。常口村以当地良好的生态资源为依托，秉持"绿水青山就是金山银山"的理念，以生态的良好支撑起村庄产业兴旺、经济发展。首先，常口村广阔的森林本身就可以"兑现"。村庄集体拥有3 000多亩山林，"碳票"价值在14万元左右。其次，常口村利用森林广阔的优势发展林业经济。村庄返乡创业人员通过在林地以仿野生的方式种植高品质黄精，取得了良好的经济效益，也保护了山林的生态环境。最后，良好的生态环境更为其他相关产业，特别是第三产业的发展创造了机会。村庄建立了水上皮划艇训练基地、开办了农家乐，进一步增加了农民收益。

案例解读

从常口村的村庄发展历程不难看出，维护村庄山水秀丽的环境是常口村经济发展、生活富足的诀要。正是因为常口村村民世代守护着一方山林水土，在经济发展中对自然资源的利用亦是取之有度、取之有道，才能一代又一代依靠着山，依傍着水，将自然所馈赠的无尽宝藏与乡村振兴过程中村民对美好幸福生活的热切向往结合，最后达成了人与自然的共生和谐。

▌习近平法治思想指引▌

坚持绿色是农业的底色、生态是农业的底盘。必须摒弃竭泽而渔、焚薮而田、大水大肥、大拆大建的老路子，实现农业生产、农村建设、乡村生活生态良性循环，生态农业、低碳乡村成为现实，做到资源节约、环境友好，守住绿水青山。

——习近平2022年12月23日在中央农村工作会议上的讲话

8. 领导干部应了解乡村组织振兴的基本要求

第四十一条 建立健全党委领导、政府负责、民主协商、社会协同、公众参与、法治保障、科技支撑的现代乡村社会治理体制和自治、法治、德治相结合的乡村社会治理体系，建设充满活力、和谐有序的善治乡村。

地方各级人民政府应当加强乡镇人民政府社会管理和服务能力建设，把乡镇建成乡村治理中心、农村服务中心、乡村经济中心。

▍法条解读 ▍

本条是关于完善乡村社会治理体制和治理体系的规定。完善党委领导、政府负责、民主协商、社会协同、公众参与、法治保障、科技支撑的社会治理体系，是提升乡村治理效能，推动治理能力现代化的必然要求。其一，建立健全现代乡村社会治理体制。在现代乡村治理体系中，坚持党委领导是根本，完善政府责任是前提，开展民主协商是渠道，实行社会协同是依托，动员公众参与是基础，推动法治保障是条件，加强科技支撑是手段。其二，推动自治、法治、德治有机结合。要以自治增活力、以法治强保障、以德治扬正气，使三者在多方面共同发力。其三，强化乡镇的服务功能。增强乡镇在乡村治理和促进乡镇经济发展中的作用，完善乡镇提供公共服务的功能。

▍典型案例 ▍

保合村位于重庆长寿区龙河镇，该村通过党建引领，强化村党组织建设，为乡村振兴注入强大动能。其一，激发自治活力。明确便民代办事项，推动村"两委"职能归位；创新"湾长制"管理，激发村民自治活力；发挥村"两委"、党小组等群众性自治组织"微治理"作用，引导村民有序参与村务决策，激活乡村治理内生动力。其二，筑牢法治根基。布局"小马工作室""调解室"等功能室和法治宣传栏、法律图书角等阵地；运行"智慧龙河"系统，助推实现公共法律服务"互联网＋"模式；邀请上级部门到村举办法治宣讲。其三，强化德治引领。修建村史馆、村级党建室等文化阵地建设，强化乡村文化引领能力；组织社会主义核心价值观教育树典型倡新风；实施"党员积分评星管理制度"，发挥党员先锋模范作用。

案例解读

乡村振兴离不开党的领导，党始终是带领乡村振兴蹄疾步稳向前迈进的主心骨。在村庄一级，坚持党的领导，加强党组织建设，就是要强化村党组织对整个村庄的领导，充分发挥村党组织向上级争取资源，向下调动村民积极参与乡村建设发展的优势。本案例中，在强有力的村党组织带领下，保合村实现了自治、法治、德治的融合，而治理良好又进一步强化了村党组织的领导，更为乡村经济发展打下了良好的经济基础。

▌习近平法治思想指引 ▌

乡村振兴不能只盯着经济发展，还必须强化农村基层党组织建设，重视农民思想道德教育，重视法治建设，健全乡村治理体系，深化村民自治实践，有效发挥村规民约、家教家风作用，培育文明乡风、良好家风、淳朴民风。

——习近平 2022 年 3 月 6 日在看望参加全国政协十三届五次会议的农业界、社会福利和社会保障界委员时的讲话

9. 领导干部应了解城乡融合发展的基本方法

第五十条　各级人民政府应当协同推进乡村振兴战略和新型城镇化战略的实施，整体筹划城镇和乡村发展，科学有序统筹安排生态、农业、城镇等功能空间，优化城乡产业发展、基础设施、公共服务设施等布局，逐步健全全民覆盖、普惠共享、城乡一体的基本公共服务体系，加快县域城乡融合发展，促进农业高质高效、乡村宜居宜业、农民富裕富足。

▌ 法条解读 ▌

本条是关于城乡融合发展的一般性规定。城乡融合发展可分为三个层面：其一，正确认识城市和乡村的关系，统筹城镇和乡村发展。城镇和乡村是互促互进、共生共存的，没有乡村发展，城镇化就缺乏根基；城镇化则是解决"三农"问题的重要途径。其二，坚持乡村振兴战略与新兴城镇化战略同步实施、统筹发展。在乡村振兴中，应整体规划城镇和乡村发展，注重乡村振兴战略和新型城镇化战略的协同推进。其三，明确城乡融合发展的基本手段和目标。城乡规划是推进城乡一体化发展的基本手段，而健全全民覆盖、普惠共享、城乡一体的基本公共服务体系是城乡融合发展的目标。

▌ 典型案例 ▌

南宁青秀区刘圩镇是广西南宁县域城乡融合发展的试点乡镇，该镇充分利用处于青秀区东部城镇规划发展主轴线的区位优势，在试点过程中进行大胆创新，促进镇内经济发展。首先是规划发展。当地政府在实地调研、咨询专家以及全面学习相关政策文件的基础上，结合刘圩镇人口流动、产业结构、基础设施状况等条件进行深入论证分析，最终确立了该镇城乡融合发展、产业提质增效、优势资源整合的发展方向。为促进该镇城乡发展有效融合，青秀区在该镇重点打造以文化旅游产业和特色农业为主导的创新创业基地。刘圩镇充分利用距离城市中心地带较近的区位优势，以城市市民阶层的消费力和城市带动力为发展基础，通过建立"市民农庄"项目，将农业和第三产业有机连接。在此基础上，刘圩镇的规划能够为周边的市民和镇内农民提供更好的创业创新环境和设施，带动城市人才、技术、资金向村镇的流动。

案例解读

本案例中，刘圩镇在城乡融合发展试点过程中，能够充分利用该区域的固有优势，充分开发本区域的特色农业资源，促进乡村一二三产业融合发展，最终实现该镇域范围内经济社会的快速发展、人居环境的明显改善以及发展基础的进一步筑牢。总之，刘圩镇城乡融合发展的试点与探索创新，较为成功地利用了城市资源为村镇发展服务，促进了城乡要素有效有序流动，为进一步的城乡融合发展创造了良好条件。

▍▍习近平法治思想指引 ▍▍

要对我国城镇化趋势、城乡格局变化进行研判，科学谋划村庄布局，防止"有村无民"造成浪费。乡村建设要充分考虑财力可持续和农民可接受，坚持数量服从质量、进度服从实效，集中力量先抓好普惠性、基础性、兜底性民生建设，优先建设既方便生活又促进生产的项目，标准可以有高有低，但不能缺门漏项。

——习近平2022年12月23日在中央农村工作会议上的讲话

10. 领导干部应了解乡村振兴扶持措施的总体要求

> **第五十八条** 国家建立健全农业支持保护体系和实施乡村振兴战略财政投入保障制度。县级以上人民政府应当优先保障用于乡村振兴的财政投入，确保投入力度不断增强、总量持续增加、与乡村振兴目标任务相适应。
>
> 省、自治区、直辖市人民政府可以依法发行政府债券，用于现代农业设施建设和乡村建设。
>
> 各级人民政府应当完善涉农资金统筹整合长效机制，强化财政资金监督管理，全面实施预算绩效管理，提高财政资金使用效益。

▍▍法条解读 ▍▍

本条是关于乡村振兴财政投入保障制度的规定。财政投入是农业农村建设特别是基础设施建设的重要资金来源，健全财政农业投入机制是加快乡村振兴战略实施的重要保障。《乡村振兴促进法》对各级政府财政支持乡村振兴的制度构建、投入总量、投入方式、投入结构、投入效率提出了明确要求，为建立健全乡村振兴财政保障机制、完善农业补贴政策体系指明了方向。

▌典型案例▌

湖南省财政厅扛牢财政支农强农责任，不断强化投入保障，持续优化政策措施，在全面推进乡村振兴中不断彰显财政新担当、贡献财政新力量。第一，坚持把加强"三农"投入保障作为应尽之责。湖南省持续加大"三农"投入保障，2017 年至 2022 年农林水支出年均增长 5%。下一步，湖南将进一步健全乡村振兴多元投入保障机制。第二，坚持把支持乡村产业发展作为重中之重。在聚焦粮食安全稳根基、聚焦特色产业蓄动能、聚焦联农带农促增收方面，湖南省充分发挥财政杠杆作用，实现精准"输血"、有效"造血"、通络"活血"。第三，坚持把补齐农业农村建设短板作为当务之急。湖南财政积极发挥财政资源统筹配置和综合调控功能，支持实施"五千工程"、建设"和美湘村"。第四，坚持把提升资金使用绩效作为关键之举。湖南财政持续强化财政支农资金使用监管，在全国率先出台《衔接资金及脱贫县涉农整合资金项目管理操作指南》，夯实衔接资金管理基础和制度保障。第五，坚持把完善乡村治理体系作为长久之策。湖南财政在向改革要动力、向管理要潜力以及向人才要活力的过程中积极发挥财政作用。

案例解读

财政对乡村振兴的支持是乡村获得初始发展动力的关键因素。湖南省财政系统深入学习贯彻习近平总书记关于"三农"工作的重要论述和考察湖南重要讲话精神，进一步扛牢财政支农强农责任，不断强化投入保障，持续优化政策措施，在全面推进乡村振兴中不断彰显财政新担当、贡献财政新力量。将财政切实投入乡村振兴支农之中，提升了财政支持乡村振兴各方面发展的力量，也增强了乡村持续发展的深层动能。

▌习近平法治思想指引▌

建设农业强国，当前要抓好乡村振兴。"三农"工作重心已经实现历史性转移，人力投入、物力配置、财力保障都要转移到乡村振兴上来。

——习近平 2022 年 12 月 23 日在中央农村工作会议上的讲话

11. 领导干部应了解金融扶持乡村振兴的法律规定

第六十五条　国家建立健全多层次、广覆盖、可持续的农村金融服务体系，完善金融支持乡村振兴考核评估机制，促进农村普惠金融发展，鼓励金融机构依法将更多资源配置到乡村发展的重点领域和薄弱环节。

政策性金融机构应当在业务范围内为乡村振兴提供信贷支持和其他金融服务，加大对乡村振兴的支持力度。

商业银行应当结合自身职能定位和业务优势，创新金融产品和服务模式，扩大基础金融服务覆盖面，增加对农民和农业经营主体的信贷规模，为乡村振兴提供金融服务。

农村商业银行、农村合作银行、农村信用社等农村中小金融机构应当主要为本地农业农村农民服务，当年新增可贷资金主要用于当地农业农村发展。

‖‖ 法条解读 ‖‖

本条是关于健全乡村振兴农村金融体系的规定。依法强化金融支持乡村振兴，可以牢牢把握金融服务实体经济的本质要求，健全农村金融支持体系，明确相关金融机构的职能定位，推动金融产品和服务的创新。本条可分为三个层面：一是建立健全有效的农村金融服务体系，二是进一步明确金融机构的支农责任；三是加强金融产品和服务的创新。

‖‖ 典型案例 ‖‖

为引导农村金融更好支持农村经济发展，江西省鹰潭市余江区立足当地实际，创造性地将农村金融产品创新、机制创新融入乡村自治管理，建立了信贷村级初审机制、增信机制、信用户"进""退"机制以及抵押物处置机制等，探索出一条以信用担保为核心的农村土地承包经营权抵押贷款模式，有效破解了农村贷款风险控制难、授信额度小等问题，让普通农户也能享受到便利的农村金融服务。

案例解读

余江区的金融创新模式呈现三大效果：第一，有效满足了农民贷款的需求，解决了农民季节性资金短缺的问题，有力支持了农业生产。第二，改善了农村金融生态，促使有融资需求的农户更倾向于从农村商业银行等正规金融机构贷款。第三，提升了乡村治理水平，增强了农民对村集体、村委会的认同感，也找到了一条加强农村社会治理的有效途径。

▌▌▌ 习近平法治思想指引 ▌▌▌

要深化农村信用社改革，多渠道补充中小银行资本金，推动农村金融机构回归本源。一些地方搞的特色农产品保险，受到农民欢迎，这是个方向，要总结经验、加快推广。

——习近平 2020 年 12 月 28 日在中央农村工作会议上的讲话

12. 领导干部应严格落实乡村振兴的各项考核目标

> **第六十八条** 国家实行乡村振兴战略实施目标责任制和考核评价制度。上级人民政府应当对下级人民政府实施乡村振兴战略的目标完成情况等进行考核，考核结果作为地方人民政府及其负责人综合考核评价的重要内容。

▌▌▌ 法条解读 ▌▌▌

本条是关于国家实行乡村振兴战略目标责任制和考核评价制度的规定。一方面是要完善乡村振兴目标责任制。要坚持党的领导，更好地履行各级政府职责，凝聚全社会力量，扎实有序推进乡村振兴。另一方面是要实施乡村振兴战略实绩考核评价制度。地方政府承担促进乡村振兴的推动责任，县级以上地方人民政府应当考核下级人民政府及其负责人完成乡村振兴目标的情况。

▌▌▌ 典型案例 ▌▌▌

近年来，湖南省岳阳市连续出台《实施乡村振兴战略实绩考核方案》，其中，针对县市区党委政府的考核工作由岳阳市委、市政府统一领导，岳阳市委农村工作领导小组办公室牵头，多部门共同组织实施，针对巩固拓展脱贫攻坚成果、全面实施乡村振兴战略、组织与保障三个方面，对全市 11 个县市区进行考核，采取县级自评、实地考核、市直部门考评、综合评价方式。

案例解读

岳阳市通过制定实绩考核方案和考核细则，一方面可以明确乡村振兴工作的任务重点。通过调整考核项目的分值比重可以有效聚焦年度或阶段性的重点任务，保障重要举措的顺利完成。另一方面，实绩考核可以压实责任主体，通过任务层层分解和考核督查问责，提高各级政府的重视程度，避免不作为和慢作为，同时防止个别地区在推进过程中出现一刀切、乱作为等情况。

▓ 习近平法治思想指引 ▓

党委和政府一把手是第一责任人，五级书记抓乡村振兴。要建立市县党政领导班子和领导干部推进乡村振兴战略的实绩考核制度。要结合机构改革，理顺涉农部门的职责分工。

——习近平 2017 年 12 月 28 日在中央农村工作会议上的讲话

《中华人民共和国预算法》

重点条文解读

导 学

　　《中华人民共和国预算法》（以下简称《预算法》）作为调整公共预算编制、审批、执行、监督等行为的法律形式，对于规范预算管理，推进依法理财，加强国家宏观调控，促进经济社会发展，具有重要意义。领导干部作为公职人员是管理、支配、利用公共资金的主要群体，是确保公共资金最大限度发挥社会功效、避免公共资金低效浪费的守护者。通过学习了解公共预算收支运行的基本原理、明确掌握公共预算管理者享有的预算管理权力与法定职责，有利于领导干部恪尽职守，依法履职，从而推动公共资金的预算收支活动顺利进行，为公共服务和公共产品的有效供给提供根本保障。

1. 领导干部应大力落实政府间财政关系制度的基本要求

第十五条　国家实行中央和地方分税制。

第十六条　国家实行财政转移支付制度。财政转移支付应当规范、公平、公开，以推进地区间基本公共服务均等化为主要目标。

财政转移支付包括中央对地方的转移支付和地方上级政府对下级政府的转移支付，以为均衡地区间基本财力、由下级政府统筹安排使用的一般性转移支付为主体。

按照法律、行政法规和国务院的规定可以设立专项转移支付，用于办理特定事项。建立健全专项转移支付定期评估和退出机制。市场竞争机制能够有效调节的事项不得设立专项转移支付。

上级政府在安排专项转移支付时，不得要求下级政府承担配套资金。但是，按照国务院的规定应当由上下级政府共同承担的事项除外。

‖ 法条解读 ‖

上述条文是对分税制财政管理体制的规定。分税制是市场经济国家普遍推行的一种财政管理体制模式。我国实行分税制改革后，国家财权大部分集中在中央，地方政府自主财权有限而承担的事权较多，有赖于中央的财政转移支付弥补财力不足，因而有必要进一步完善央地政府间财政管理体制。在此基础上，各省级政府结合本地区实际情况，进一步完善省级以下财政管理体制。有关财政转移支付的制度规定要求遵循规范、公平、公开的原则以及实现地区间基本公共服务均等化的目标。财政转移支付包括一般性转移支付和专项转移支付，并以一般性转移支付为主体，实现基本公共服务均等化，增强地方财政预算的统筹安排能力，提高财政资金使用效率。上述条文还针对专项转移支付的设立、评估、退出以及配套资金作出规定，增强了专项转移支付的规范性。

‖ 典型案例 ‖

近年来，我国加大"三保"支持力度，保障基层财政平稳运行。以2005年起实施的"三奖一补"政策为基础，不断健全县级基本财力保障机制，引导带动地方政府下沉财力,合力做好基层"三保"工作。中央财政持续加大资金投入,县级基本财力保障机制奖补资金由2018年的2 462.79亿元增加到2023年的4 107亿元,年均增长10.8%。同时,筑牢兜实基层"三保"底线。地方财政部门积极采取措施,主动压实责任,多措并举增强基层"三保"能力。在各级财政部门共同努力下,基层财力水平持续提高,县级"三保"支出得到有力保障。

案例解读

财政转移支付是指上级政府对下级政府无偿拨付的资金,包括中央对地方的转移支付和地方上级政府对下级政府的转移支付,主要用于解决地区财政不平衡问题,推进地区间基本公共服务均等化,是政府实现调控目标的重要政策工具。1994年,我国实施了分税制财政体制改革,相应建立了规范的财政转移支付制度。2014年修改的《预算法》规定,财政转移支付应当规范、公平、公开,以推进地区间基本公共服务均等化为主要目标。为落实《预算法》要求,我国财政转移支付体系随着政策变化不断拓展和调整,逐步构建起"一般性转移支付+专项转移支付"的框架,其中,一般性转移支付以均衡地区间基本财力为目的,由下级政府统筹安排使用;专项转移支付按照法律、行政法规和国务院的规定设立,用于办理特定事项。2019年,中央财政整合设立共同财政事权转移支付,主要用于履行教育、医疗、养老、就业等基本民生领域的中央财政支出责任,为与《预算法》规定相衔接,编制预算时暂列入一般性转移支付。目前,总体上形成了以财政事权和支出责任划分为依据,以一般性转移支付为主体,共同财政事权转移支付和专项转移支付有效组合、协调配合、结构合理的转移支付体系。上述案例表明,随着转移支付制度不断完善,我国转移支付的政策效能持续释放,为推动地区间财力均衡、推进基本公共服务均等化和保障国家重大政策落实提供了制度保障,在促进经济社会持续平稳健康发展中的作用日益显现。领导干部应进一步运用财政转移支付制度促进地方经济社会发展目标的实现。

‖ 习近平法治思想指引 ‖

要理顺省以下政府间财政关系,使权责配置更为合理,收入划分更加规范,财力分布相对均衡,基层保障更加有力,促进加快建设全国统一大市场、推进基本公共服务均等化、推动高质量发展。要坚持党中央集中统一领导，在中央和地方分税制的原则框架内，遵循健全政府间财政关系的基本原则，清晰界定省以下财政事权和支出责任，理顺省以下政府间收入关系，完善省以下转移支付制度，建立健全省以下财政体制调整机制，规范省以下财政管理。

——习近平 2022 年 4 月 19 日在中央全面深化改革委员会第二十五次会议上的讲话

健全宏观经济治理体系，发挥国家发展规划的战略导向作用，加强财政政策和货币政策协调配合，着力扩大内需，增强消费对经济发展的基础性作用和投资对优化供给结构的关键作用。健全现代预算制度，优化税制结构，完善财政转移支付体系。

——习近平 2022 年 10 月 16 日在中国共产党第二十次全国代表大会上的报告

2. 领导干部应严格遵循政府举债规定

第三十五条　地方各级预算按照量入为出、收支平衡的原则编制，除本法另有规定外，不列赤字。

经国务院批准的省、自治区、直辖市的预算中必需的建设投资的部分资金，可以在国务院确定的限额内，通过发行地方政府债券举借债务的方式筹措。举借债务的规模，由国务院报全国人民代表大会或者全国人民代表大会常务委员会批准。省、自治区、直辖市依照国务院下达的限额举借的债务，列入本级预算调整方案，报本级人民代表大会常务委员会批准。举借的债务应当有偿还计划和稳定的偿还资金来源，只能用于公益性资本支出，不得用于经常性支出。

除前款规定外，地方政府及其所属部门不得以任何方式举借债务。

除法律另有规定外，地方政府及其所属部门不得为任何单位和个人的债务以任何方式提供担保。

国务院建立地方政府债务风险评估和预警机制、应急处置机制以及责任追究制度。国务院财政部门对地方政府债务实施监督。

‖ 法条解读 ‖

本条是关于地方政府债务管理的规定。本条规定各级政府应当按照量入为出、收支平衡的原则编制预算，允许地方政府附条件举借债务，并对地方政府举借债务的主体、范围、规模、程序等都做了严格限定。一是举借地方债务的主体只能是经过国务院批准的省、自治区、直辖市；二是地方政府只能就预算中必需的建设投资的部分资金，在国务院确定的限额内举借债务；三是地方政府举借债务的方式是发行地方政府债券；四是政府举借债务的规模必须由国务院报全国人民代表大会或者全国人民代表大会常务委员会批准，不得随意决定；五是地方政府举借债务的用途，只能用于公益性资本支出，不得用于经常性支出；六是设立地方政府债务的风险预警和监督机制。

‖ 典型案例 ‖

案例一：2016 年，山东省沂南县人民政府授权财政局以政府购买服务方式运作沂南县扶贫社会效应债券项目。县人民政府与沂南县城乡建设发展有限公司签订"沂南县扶贫社会效应债券相关项目政府购买服务合同"，采购资金包括项目投资成本、债券融资费用及建设回报，总金额 7 亿元，约定了 10 年购买服务资金支付情况，拨付方式为财政资金拨付。2016 年 12 月，沂南县城乡建设发展有限公司在银行间市场交易商协会发行"沂南县扶贫社会效应债券"，募集资金 5 亿元。目前相关地区已进行了整改。沂南县上述行为违反了党中央、国务院关于严禁以政府购买服务名义变相举债的要求以及《预算法》第 35 条"除前款规定外，地方政府及其所属部门不得以任何方式举借债务"的规定。山东省根据《预算法》等法律、法规规定，对违法举债涉及的相关人员立案调查，依规依纪严肃问责。

案例二：2016 年 10 月，广西壮族自治区来宾市人民政府印发《来宾市人民政府关于同意广西来宾市交通投资有限公司与国银金融租赁股份有限公司合作开展融资租赁项目的批复》，一是同意将该市丰润路、凤翔路等市政道路、防洪堤等 50 项公益性资产无偿划入广西来宾市交通投资有限公司（以下简称"来宾交投公司"），虚增来宾交投公司固定资产规模；二是同意以来宾交投公司名下凤翔路等市政道路、防洪堤等 50 项公益性资产作为租赁物，采用售后回租形式与国银金融租赁股份有限公司（以下简称"国银租债"）开展融资租赁项目；三是授权来宾市工业区管委会与来宾交投公司签署"政府购买服务协议"，采购期 12 年，采购金额合计 31.524 亿元，要求市财政局负责将采购资金纳入本级政府同期年度财政预算和政府购买服务采购预算管理；四是同意将"政府购买服务协议"项下的采购资金用于归还融资租赁项下的租金。2017 年 3 月，来宾交投公司与国银租赁公司签订融资租赁协议，通过售后回租方式以上述没有收益的市政道路、防洪堤等公益性资产融资 15 亿元，并将"政府购买服务协议"项下的应收账款等所有权益质押给国银租赁，以购买服务采购款作为租金还款来源。所得资金用于投入新型城镇化基金。来宾市人民政府及相关部门经协商有关方面后按程序撤回相关函件，将已到账的 7 亿元资金退回国银租赁，相关手续已办理完毕。依据《预算法》《行政机关公务员处分条例》《中国共产党问责条例》等有关规定，广西壮族自治区来宾市对违法违规举债担保问题相关责任人员问责处理。

案例解读

防范化解政府债务风险是党中央、国务院确定的重要任务。党的十九大提出，要坚决打好防范化解重大风险、精准扶贫、污染防治攻坚战。第五次全国金融工作会议要求，各级地方党委和政府要树立正确政绩观，严控地方政府债务增量，终身问责、倒查责任。在 2023 年 10 月下旬召开的中央金融工作会议中进一步强调："建立防范化解地方债务风险长效机制，建立同高质量发展相适应的政府债务管理机制。"对此，《预算法》从地方政府举债的权力配置、方式程序、预算管理、风险防控等方面作出全面系统规定，为地方政府债务规范化运作提供了基本保障。《预算法》强调了"收支平衡"原则，而落实预算收支平衡原则的关键在于合理控制债务，尤其是地方政府债务。按照《预算法》及《国务院关于加强地方政府性债务管理的意见》规定，地方债举债主体是经国务院批准的省、自治区、直辖市政府，市县级政府确需举借债务的由省、自治区、直辖市政府代为举借，并且应当划清代为举债与实际利用债务资金的主体权责边界。在举债规模及方式上，地方政府债务规模实行限额管理，地方政府举借债务的规模应当控制在国务院报全国人民代表大会或者全国人民代表大会常务委员会批准的举债限额内，分地区限额由财政部在全国人大或其常委会批准的地方政府债务规模内，根据各地区债务风险、财力状况等因素测算并报国务院批准；举债的方式严格限定为发行地方政府债券,《预算法》明确规定,"除前款规定外,地方政府及其所属部门不得以任何方式举借债务"。在举债程序上,省、自治区、直辖市依照国务院下达的限额举借的债务,列入本级预算调整方案,报本级人民代表大会常务委员会批准。在举债风险控制上,举借的债务应当有偿还计划和稳定的偿还资金来源。《预算法》还授权国务院建立地方政府债务风险评估和预警机制、应急处置机制以及责任追究制度。由此可见,严格依法举债、化解地方债风险是领导干部担负的地方经济治理重点工作之一。领导干部在具体履职过程中,应严格落实中央要求,遵照《预算法》规定执行。上述案例表明实践中一些地方政府存在违法违规举债担保的问题。领导干部应带头全面贯彻落实党中央、国务院关于防范化解重大风险的决策部署,不断规范政府举债行为,树立正确政绩观,切实维护经济安全和社会稳定,加强学习宣传,提高风险防控意识,严格责任追究,依法依规问责,坚决打赢防范化解重大风险攻坚战。

▌▌习近平法治思想指引 ▌▌

持续有效防范化解重点领域风险。要统筹化解房地产、地方债务、中小金融机构等风险,严厉打击非法金融活动,坚决守住不发生系统性风险的底线。

——习近平 2023 年 12 月 11 日至 12 日在 2023 年中央经济工作会议上的讲话

抓实化解地方政府隐性债务风险工作,党政机关要坚持过紧日子。

——习近平 2020 年 12 月 16 日至 18 日在 2020 年中央经济工作会议上的讲话

3. 领导干部应牢固树立政府过紧日子的观念

第十二条 各级预算应当遵循统筹兼顾、勤俭节约、量力而行、讲求绩效和收支平衡的原则。

各级政府应当建立跨年度预算平衡机制。

▌法条解读 ▌

本条是关于预算原则和跨年度预算平衡机制的规定。预算原则是整个预算过程的重要依据，贯彻于预算的各个环节，保证各环节顺利有效地进行。其中，统筹兼顾原则要求预算过程应当兼顾不同群体、不同区域之间的多方面的公共需求，追求以有限的财政资源实现社会公共利益的最大化。勤俭节约原则要求预算过程应当突出节约，控制有关支出和运行成本，避免铺张浪费，提高资源的利用效率。量力而行原则要求预算的编制和执行应当与财政收入相匹配，切实结合各类预算的实际情况，精准施策。讲求绩效原则要求预算过程应当以结果为导向，提高资金的使用效率。收支平衡原则要求预算过程实现收入和支出在总量上基本相等，跨年度预算平衡机制是对收支平衡原则的进一步拓展，强调防范财政风险，保持财政稳健。

▌典型案例 ▌

2021年，财政部落实政府过紧日子要求，推动建立节约型财政保障机制，通过节支促进财政收支平衡，保障重点领域支出需要，取得了显著成效。为控制中央部门支出，在2020年中央本级支出安排负增长，其中非急需、非刚性支出压减50%以上的基础上，2021年中央本级支出继续安排负增长，进一步大幅压减非刚性、非重点项目支出和公用经费，重点项目和政策性补贴也按照从严从紧、能压则压的原则审核安排。在预算从紧安排的同时，财政部还硬化预算执行约束，严格执行全国人大批准的预算，严禁无预算、超预算拨款。对于"三公"经费预算，坚持从严从紧核定。2020年至2021年中央本级"三公"经费预算累计下降36%。同时，加强对"三公"经费支出事项必要性、合理性的审核，强化"三公"经费执行管理。

过紧日子在全国不少地区的"财政账本"里都有所体现。例如，2021年以来，山东省各级财政大力压减一般性支出、非急需非刚性支出，省直部门公用经费压减了20%，省本级"三公"经费预算实现了"八连降"。2021年，省级预算日常公用经费定额标准、业务类运转项目、"五项经费"（指"三公"经费和会议费、培训费）规模分别压减20%、20%、30%，并严控办公用房维修改造、公务用车购置、新增资产配置，腾出财力保重点支出。同时，完善政策项目评估清理机制，对到期政策项目、低效政策项目坚决取消或压减资金，2021年，省级预算取消到期政策项目所涉及166亿元、压减非急需非刚性支出90亿元，占省级一般公共预算支出的12.6%。湖北省宜昌市财政局坚持按照"只减不增"原则安排一般性支出，2021年，市级"三公"经费预算压减比例超过10%。同时，严控楼堂馆所建设，停止新建、扩建、购置办公用房和业务用房等。在精打细算压减支出的同时，市财政全力保障市委、市政府重大发展战略、重点领域改革的必需支出，重点支持构建现代产业体系、全面提升城市功能、长江大保护和生态环境保护、保障和改善人民生活品质、巩固脱贫攻坚成果和推进乡村振兴等领域，为"十四五"开好局、起好步提供坚实财力基础。

案例解读

政府过紧日子是预算安排的长期指导思想。在实践中，各级政府落实中央有关要求，构建过紧日子长效机制。同时，把基层"保基本民生、保工资、保运转"作为预算管理的重中之重，在较大幅度增加中央对地方财力支持的基础上，强化地方责任落实，加大财力下沉力度，切实兜牢兜实基层"三保"底线。为有力支持基层政府开展"三保"工作，中央财政在持续加大县级基本财力保障机制奖补资金等补助力度的同时，要求省级财政部门合理使用奖补资金，加大财力下沉力度，进一步提高对基层"三保"的支持力度，确保国家制定的基本民生及工资政策等落实到位。《预算法》对各级预算"统筹兼顾、勤俭节约、量力而行、讲求绩效和收支平衡"作出原则性规定，在此基础上，各地结合自身实际情况进一步细化规则，强化财政过紧日子的制度保障。

▌▌习近平法治思想指引 ▌▌

各级党委特别是主要负责同志要承担起政治责任，统筹抓好财政、税收、审计等工作，严肃财经纪律，把各方面资金管好用好，切实防范金融风险，严格执行党中央关于财经工作的方针政策和工作部署，把过紧日子的要求落到实处。

——习近平2021年6月7日至9日在青海考察时的讲话

党和政府带头过紧日子，目的是为老百姓过好日子，这是我们党的宗旨和性质所决定的。

——习近平 2019 年 3 月 5 日在参加十三届全国人大二次会议内蒙古代
表团审议时的讲话

我们的财力是不断增加了，但决不能大手大脚糟蹋浪费！要坚持勤俭办
一切事业，坚决反对讲排场比阔气，坚决抵制享乐主义和奢靡之风。

——习近平 2023 年 1 月 22 日在十八届中央纪律检查委员会第二次全体
会议上的讲话

4. 领导干部应加大落实预算法定力度

> **第十三条** 经人民代表大会批准的预算，非经法定程序，不得调整。各级政府、各部门、各单位的支出必须以经批准的预算为依据，未列入预算的不得支出。

▌▌ 法条解读 ▌▌

本条是关于预算法定和预算刚性约束的规定。一方面，本条强调经人大批准的预算具有法律效力，原则上任何单位和个人都不得自行调整而必须严格遵照执行，即使在执行中有必须调整的情形，也需按照本法第七章预算调整规定的具体情形和程序进行。另一方面，本条强调了对预算支出的约束，控制预算外支出，实现财政资金的规范使用和管理。

▌▌ 典型案例 ▌▌

《国务院关于 2022 年度中央预算执行和其他财政收支的审计工作报告》显示："财经纪律执行松弛，扰乱财经秩序。2 市违规向企业出借或转移财政资金 54.5 亿元，其中 40 亿元是以设立政府投资基金等名义转至国企的，脱离预算管理。13 个地区的三公经费不降反增或隐匿在其他科目支出；个别地区违规举办演艺活动。10 个地区、部门和单位的 773 名干部职工及其亲属存在违规经商办企业、兼职取酬或与所在企业发生经济往来等问题。"

案例解读

地方政府和各部门应当加强资金预算管理，坚决纠正挤占挪用、损失浪费等行为，领导干部应加大落实力度，督促查处各类违反财经纪律的问题。上述案例反映了实践中预算执行不到位、违反预算法定和财经纪律的现象。对此，领导干部应带头落实预算法定要求，全面整饬所在地方和部门的财经秩序。结合实践中各个地方反映比较集中的问题，重点加强以下方面：严格专项资金使用管理，加大资金分配环节审核力度，防止虚报伪造资料套取骗取财政资金问题；严格执行津贴补贴政策，不得擅自变更上级政府批复的津贴补贴标准，不得超过规定标准、范围发放津贴补贴，不得自行设立新项目或者继续发放已经明令取消的津贴补贴；严格公务支出管理，严禁超范围、超标准安排支出，科学设定项目支出预算绩效目标，严格绩效目标编审程序，绩效目标不符合要求的，不得纳入预算；严格执行国库集中支付管理规定，严禁违规采取"以拨作支"方式将财政资金从国库转入财政专户，严禁违规将财政资金支付到预算单位实有资金账户；严格权责发生制核算范围，除国库集中支付年终结余外，一律不得按权责发生制列支；依法实施政府采购，坚决杜绝无预算或超标准采购；全面清理历年财政暂付款，严禁财政暂付款长期挂账；严格控制新增财政暂付款，不得对非预算单位、企业及未纳入年度预算的项目借款和垫付财政资金；严格控制新增财政专户数量，未经财政部核准，一律不得新开立财政专户；严格决算编制，不得弄虚作假、随意调整决算报表；加强行政事业单位资产管理，严肃纠正各种擅自处置、暗箱操作、低价买卖、私相授受、非法转移国有资产等行为。总之，预算法定作为《预算法》规定的重要原则应当在预算编制、执行的各个环节得到遵循。

▌习近平法治思想指引▌

建立全面规范透明、标准科学、约束有力的预算制度，全面实施绩效管理。

——习近平 2017 年 10 月 18 日在中国共产党第十九次全国代表大会上的报告

5. 领导干部应强化预算公开意识

第十四条　经本级人民代表大会或者本级人民代表大会常务委员会批准的预算、预算调整、决算、预算执行情况的报告及报表，应当在批准后二十日内由本级政府财政部门向社会公开，并对本级政府财政转移支付安排、执行的情况以及举借债务的情况等重要事项作出说明。

经本级政府财政部门批复的部门预算、决算及报表，应当在批复后二十日内由各部门向社会公开，并对部门预算、决算中机关运行经费的安排、使用情况等重要事项作出说明。

各级政府、各部门、各单位应当将政府采购的情况及时向社会公开。

本条前三款规定的公开事项，涉及国家秘密的除外。

‖ 法条解读 ‖

本条是关于预算公开制度的规定。本条前两款是对政府预算公开和部门预算公开的基本规定，包括预算公开的对象、主体、时限和需要重点说明的事项。本条第 3 款是对政府采购情况公开的规定，体现了与《政府采购法》第 11 条的衔接与协调。本条第 4 款是预算公开除外项的规定，明确政府预算和部门预算中涉及国家秘密的除外。本条将预算公开纳入立法，有利于保障公民知情权、参与权和监督权，也有利于保障预算权力在阳光下运行，从源头预防和治理腐败。

‖ 典型案例 ‖

2018 年 6 月 15 日，李必武通过政府网站向合肥新站高新技术产业开发区财政局提出政府信息公开申请，要求获取"2011 年和 2017 年高新技术产业开发区三十头社区管理委员会基本支出预算总表、按照工资福利标准和编制定员逐人核定的人员支出预算申报表、按照工资福利标准和编制定员逐人核定的人员支出预算拨款审核审批表、按照工资福利标准和编制定员逐人核定的人员支出决算申报表、基本支出决算总表"。该财政局答复其申请公开的第一项和第五项信息已对社会主动公开，具体登录政府信息公开网可搜索查询；根据《安徽省政府信息公开办法》第 11 条第 1 款第 5 项之规定，告知原告其申请公开的第二、三、四项信息属于内部管理信息，故不予公开。

案例解读

预算公开是预算管理制度改革的核心要求，也是政府信息公开的重要内容，对实现国家治理体系和治理能力现代化具有重要推动作用。现代预算被称为公共预算，意在限定预算目的的公共性、内容的公共性、监督的公共性。其目标在于通过汲取社会财富、整合公共资源提供社会满意的公共产品和公共服务，相应地在内容安排上要求纳税人直接参与或者以组成代议制机关的形式间接参与到公共资源的分配利用决定中，并始终保证运行过程处于公共监督之下。因而，公共预算之公共性决定了纳税人参与和实施监督的必要性。以获取必要预算信息为开端，进而理解预算、接纳预算，最终达致完善预算、促进公共预算目标的实现。只有保障预算公开，为预算监督主体及时提供准确和全面的财政信息，使公共预算主体间达到信息平衡，才能真正约束和防范财政机会主义行为，也才能保障纳税人预算知情权、参与权与监督权的实现，推动国家治理体系和治理能力现代化建设。党中央、国务院历来高度重视预算公开工作。党的十九大提出"建立全面规范透明、标准科学、约束有力的预算制度"，党的十九届四中全会进一步明确"完善标准科学、规范透明、约束有力的预算制度"，将规范透明作为预算制度的基本要求。2019年修订施行的《政府信息公开条例》对财政预算、决算信息公开等作出明确规定。近年来，按照党中央、国务院决策部署，我国不断完善预算公开制度，充分发挥预算公开透明对政府部门的监督和约束作用，推动建设阳光政府、责任政府、服务政府。《预算法实施条例》的修订以及对预算公开内容的完善便是其中代表性的改革成果。在实践中各级政府预算公开力度不断加大，在财政部门户网站搭建中央部门预决算公开平台，集中展示中央部门预决算信息。同时，积极指导地方财政部门做好地方预决算公开、地方政府债务信息公开等工作。2020年《预算法实施条例》修订，完善了预算公开相关规定，具体表现有：细化了转移支付公开内容，明确了政府债务、机关运行经费、政府采购、财政专户资金等需要按规定向社会公开，同时细化了部门及所属单位预算、决算公开内容。根据《预算法实施条例》规定，单位预算、决算支出按其功能分类应当公开到项；按其经济性质分类，基本支出应当公开到款。

▌ 习近平法治思想指引 ▌

政务公开是建设法治政府的一项重要制度。要以制度安排把政务公开贯穿政务运行全过程，权力运行到哪里，公开和监督就延伸到哪里。要依法依规明确政务公开内容、标准、方式，加快制定并公开权力清单、责任清单、负面清单。要重点推进财政预算、公共资源配置、重大项目建设批准和实施、社会公益事业建设等领域政务信息公开，以公开促落实、以公开促规范、以公开促服务。

——习近平 2016 年 1 月 11 日在中央全面深化改革领导小组第二十次会议上的讲话

6. 领导干部应增强人大预算监督是全过程人民民主重要制度载体的观念

第二十一条　县级以上地方各级人民代表大会审查本级总预算草案及本级总预算执行情况的报告；批准本级预算和本级预算执行情况的报告；改变或者撤销本级人民代表大会常务委员会关于预算、决算的不适当的决议；撤销本级政府关于预算、决算的不适当的决定和命令。

县级以上地方各级人民代表大会常务委员会监督本级总预算的执行；审查和批准本级预算的调整方案；审查和批准本级决算；撤销本级政府和下一级人民代表大会及其常务委员会关于预算、决算的不适当的决定、命令和决议。

乡、民族乡、镇的人民代表大会审查和批准本级预算和本级预算执行情况的报告；监督本级预算的执行；审查和批准本级预算的调整方案；审查和批准本级决算；撤销本级政府关于预算、决算的不适当的决定和命令。

第四十五条　县、自治县、不设区的市、市辖区、乡、民族乡、镇的人民代表大会举行会议审查预算草案前，应当采用多种形式，组织本级人民代表大会代表，听取选民和社会各界的意见。

┃ 法条解读 ┃

上述条文一是关于地方人大及其常委会预算管理职权的基本规定。地方各级人大是地方国家权力机关,县级以上的地方各级人大设立人大常委会。地方各级人大及其常委会的预算管理职权来源于宪法。县级以上地方各级人大的预算管理职权包括审查权、批准权、改变权和撤销权,县级以上地方各级人大常委会的预算管理职权包括监督预算执行权、审查批准权、撤销权,乡级人大的预算管理职权包括审查批准权、监督权、撤销权。二是关于县级人大和乡级人大审查预算草案前应组织人大代表听取选民和社会各界意见的规定。公共财政的民主性特征要求在财政预算收支安排过程和结果上尊重社会公众的意愿,通过一定的民主程序将有限的公共资金按照一定的次序,特别是公共偏好次序,安排到有关的公共项目。因此,听取选民的意见是人大代表的职责和义务。县级人大和乡级人大应当为代表履行职务提供保障,通过多种形式组织本级人大代表听取选民和社会各界的意见。

┃ 典型案例 ┃

案例一:自 2014 年起广东省人大连续 8 年开展预算绩效监督并引入第三方机构开展绩效评价,重点关注财政资金贯彻落实中央决策部署以及省委工作安排、与年度经济社会发展目标及宏观调控要求一致性、可持续性以及实现支出绩效和政策目标的效果等情况,既关注预算安排是否合法合规,又对财政资金支出的效率、效益及效果进行监督,推动了人大预算审查监督从程序性监督向实质性监督转变,已成为人大预算审查监督的一项重大抓手,并取得显著成效。

案例二:2023 年 6 月重庆市江北区人大常委会组织召开 2023 年度部门预算听证会,对江北区港城园区 2.3 亿元的项目预算进行听证,通过对其预算进行规范性、合理性、有效性方面的审查,监督财政资金使用,让有限的财政资金发挥最大效益。听证会上,来自江北区人大、社会公众、专家代表共二十余人相继发表了对该园区预算资金使用问题的意见。此次预算听证会是重庆市人大预算监督制度实践中的一次有益探索,有利于提高预算编制的科学性、数据测算的准确性、绩效目标的合理性,从而实现预算项目预期建设目标。

案例解读

在实现高质量发展的新时代，作为拥有监督职权的立法机构，人大对于预算绩效管理工作的监督是推动现代预算制度建设、提高财政资金效益的重要一环。

在新时代发展和完善全过程人民民主的时代背景下，人民的知情权、参与权、表达权、监督权应该落实到人大工作的各方面和全过程。2021 年 11 月，中央印发《关于新时代坚持和完善人民代表大会制度、加强和改进人大工作的意见》，提出了推动新时代人大工作高质量发展的具体要求，其中包括深化人大预算审查监督，并将重点向支出预算和政策拓展。近年来，随着人民群众对预算资金使用效益的关注度越来越高，人大预算审查监督不断深化，如何进一步发挥好绩效监督的作用值得深入思考。将绩效理念引入人大预算审查监督的过程，体现了新时代人大监督的新要求。随着预算绩效管理改革的不断推进，人大预算审查监督中更多融入了绩效理念，人大成为预算绩效管理的重要外部监督主体。2018 年发布的《关于人大预算审查监督重点向支出预算和政策拓展的指导意见》以及《中共中央国务院关于全面实施预算绩效管理的意见》，分别从人大预算审查监督和预算绩效管理两个方面，提出了推动建立健全算绩效管理机制的新要求。上述案例是地方人大在探索落实中央关于全面预算绩效管理与加强人大预算绩效监督要求方面的具体体现。

▌▌▌ 习近平法治思想指引 ▌▌▌

人民代表大会制度是符合我国国情和实际、体现社会主义国家性质、保证人民当家作主、保障实现中华民族伟大复兴的好制度，是我们党领导人民在人类政治制度史上的伟大创造，是在我国政治发展史乃至世界政治发展史上具有重大意义的全新政治制度。

要用好宪法赋予人大的监督权，实行正确监督、有效监督、依法监督。

人民代表大会制度是实现我国全过程人民民主的重要制度载体。

——习近平 2021 年 10 月 13 日在中央人大工作会议上的讲话

要完善党和国家监督体系……要以党内监督为主导，推动人大监督、民主监督、行政监督、司法监督、审计监督、财会监督、统计监督、群众监督、舆论监督有机贯通、相互协调。

——习近平 2020 年 1 月 13 日在十九届中央纪委四次全会上的讲话

《中华人民共和国科学技术进步法》

重点条文解读

导　学

　　《中华人民共和国科学技术进步法》（以下简称《科学技术进步法》）是为了全面促进科学技术进步，发挥科学技术第一生产力、创新第一动力、人才第一资源的作用，促进科技成果向现实生产力转化，推动科技创新支撑和引领经济社会发展，全面建设社会主义现代化国家，根据宪法，制定的法律，这是迄今为止我国唯一一部以"进步"为名的法律，是我国科技领域的基本法。从《科学技术进步法》的制定到两次修订，我国经济社会全面发展，科教兴国战略、人才强国战略、创新驱动发展战略深入实施，科学技术领域发生历史性改变、取得历史性成就，同时也面临新形势、新任务和新要求。该法侧重健全科技创新保障措施，完善国家创新体系，着力破除自主创新障碍因素，为促进实现高水平科技自立自强提供了法治保障；在科学技术第一生产力的提法中，增加创新第一动力和人才第一资源作用，支撑实施科教兴国战略、人才强国战略和创新驱动发展战略；增加了支撑实现碳达峰碳中和目标，强调实现高质量发展；充分发挥市场配置创新资源的决定性作用，促进创新主体紧密合作、创新要素有序流动、创新生态持续优化，增强创新体系整体效能。

　　《科学技术进步法》是我国科技领域一部具有基本法性质的重要法律，对贯彻落实"科学技术是第一生产力"的战略思想，推进科技体制改革和科技事业发展，促进科学技术为经济社会发展服务起到了至关重要的促进和保障作用。学习理解《科学技术进步法》可以提高领导干部的科学意识与科学素养，可以更好地促进领导干部领悟和贯彻习近平总书记提出的人才理念、战略和各类人才政策，也可以更加深刻地领会国家创新体系建设，加强科技创新治理，强化战略科技力量，凸显企业的创新主体地位，明确科技人员权益和责任义务，认识到各类违法行为的法律责任和处罚措施，从整体上为科技自立自强创造良好环境。

1. 领导干部要重视人才，落实科学技术激励机制

第十八条　每年 5 月 30 日为全国科技工作者日。

国家建立和完善科学技术奖励制度，设立国家最高科学技术奖等奖项，对在科学技术进步活动中做出重要贡献的组织和个人给予奖励。具体办法由国务院规定。

国家鼓励国内外的组织或者个人设立科学技术奖项，对科学技术进步活动中做出贡献的组织和个人给予奖励。

▌▌ 法条解读 ▌▌

本条旨在鼓励和表彰在科学技术领域做出杰出贡献的组织和个人，以推动科学技术的进步和发展。国家建立和完善科学技术奖励制度，设立国家最高科学技术奖等奖项，以表彰在科学技术进步活动中做出重要贡献的组织和个人，并给予相应的奖励。此外，国家还鼓励国内外的组织或个人设立科学技术奖项，以奖励在科学技术进步活动中做出贡献的组织和个人。这意味着除国家设立的奖项外，其他组织或个人也可以设立自己的科学技术奖项，并给予相应的奖励。

▌▌ 典型案例 ▌▌

我国西部某区扎实推进创新驱动发展战略，以破除体制机制障碍为主攻方向，以企业创新为主体，以人才驱动为支撑，不断加快打造科技创新新高地。在该区区委书记领导下，积极落实国家和上级政府"加快科技创新政策"和"以科技创新为产业发展赋能理念"。该区致力于构建以"研究院经济"为主体、企业为主导的产学研用创新体系，大力创建市级以上重点实验室。创新各种激励机制，在科技前沿领域逐步获得重大成果。在科技成果转化方面，近年已培育科技型企业 1 000 余家，高新技术企业 200 余家，10 多个博士后工作站、建成多个院士工作站、多个重点实验室。

案例解读

在此实例中，该区锁定创新驱动战略，大力发展"研究院经济"，出台的相关实施方案，从创新平台、科技攻关、人才引进等多方面给予政策支

持，在鼓励相关主体开展技术攻关、引进高层次人才、建立各类创新平台等方面都给予政策优惠和资金支持。在人才培养和吸纳方面，该区以政策改革创新释放人才活力。先后制定实施多项中长期人才发展规划，出台几十项引才育才用才政策，基本形成了"引育用留"的"全链条"政策体系。在和传统产业、地域间合作方面，该区大力推动产业链和创新链融合，不断优化科创空间和资源要素布局，联通全区域创新"赋能"，并称"一体化"理念，在科技、产业、人才等方面加强当地科学城的核心区域和其他区域的交流合作，提升联动发展融合度。领导干部在具体谋划时应当在考虑当地特点和当地区位优缺点基础上，贯彻中央各项政策与《科学技术进步法》的规定，打造全方位、多领域、多层级的科技创新孵化良好环境。

▌ 习近平法治思想指引 ▌

要营造良好创新环境，加快形成有利于人才成长的培养机制、有利于人尽其才的使用机制、有利于竞相成长各展其能的激励机制、有利于各类人才脱颖而出的竞争机制，培植好人才成长的沃土，让人才根系更加发达，一茬接一茬茁壮成长。

——习近平 2018 年 5 月 28 日在中国科学院第十九次院士大会、
中国工程院第十四次院士大会上的讲话

2. 领导干部要重视基础学科、基础研究

第二十五条　国家支持高等学校加强基础学科建设和基础研究人才培养，增强基础研究自主布局能力，推动高等学校基础研究高质量发展。

▌ 法条解读 ▌

本条规定了高校开展基础研究的人才培育的支持保障措施。本条为 2021 年修订时的新增法条，主要是为了突出高等学校在推动基础研究高质量发展的地位和着力方向。作为开展基础研究的主力军，高校在发展基础研究方面具有独特的优势，具有基础研究深厚、学科交叉融合的传统和背景，以及基础学科众多、人才培养体系专业化的基础。助力高校发展，能够培养出符合社会需求的高素质基础研究人员，保障基础研究人才的持续供应。

▌▌典型案例▌▌

依托科学基金项目鼓励和吸纳高校毕业生参与基础研究工作

某自然科学基金结合工作实际，为深入贯彻习近平总书记关于高校毕业生就业工作的重要指示批示精神，落实党中央、国务院有关任务部署，按照国务院及科技部等七部门要求，提高政治站位，高度重视科研助理岗位开发工作。依托该科学基金项目开发科研助理岗位，为高校毕业生投入基础研究相关工作提供更多机会和更好保障，深化科学基金管理改革、完善科学基金治理体系、提升科学基金治理能力。该基金号召各依托单位梳理已开发的科研助理岗位，充分挖掘尚未吸纳毕业生和因人员流动而产生空缺的有关岗位。同时，主动作为，最大限度吸纳有志于投身基础研究相关工作的高校毕业生参与科学基金项目研究和辅助管理等工作。

案例解读

《科学技术进步法》在修订中新增了为高校开展基础研究的人才培育的支持保障措施，主要是为了突出高等学校推动基础研究高质量发展的地位和着力方向。领导干部在掌握此新举措后应当为高校毕业生投入基础研究相关工作提供更多机会和更好保障，这既是认真贯彻党中央、国务院关于做好"稳就业""保就业"决策部署的有效手段，也是努力解决事关国家安全和发展最急迫的关键核心技术背后的基础科学问题的有力科技支撑。

▌▌习近平法治思想指引▌▌

加强基础研究，是实现高水平科技自立自强的迫切要求，是建设世界科技强国的必由之路。加强基础研究、突出原创、鼓励自由探索，作出战略部署，要切实落实到位。第一，强化基础研究前瞻性、战略性、系统性布局。第二，深化基础研究体制机制改革。第三，建设基础研究高水平支撑平台。第四，加强基础研究人才队伍建设。第五，广泛开展基础研究国际合作。第六，塑造有利于基础研究的创新生态。开展基础研究既需要物质保障，更需要精神激励。

——习近平:《加强基础研究 实现高水平科技自立自强》(发表于《求是》，2023 年第 15 期)

3. 领导干部要以科技联合体为抓手促进产学研深度融合

> 第三十一条　国家鼓励企业、科学技术研究开发机构、高等学校和其他组织建立优势互补、分工明确、成果共享、风险共担的合作机制，按照市场机制联合组建研究开发平台、技术创新联盟、创新联合体等，协同推进研究开发与科技成果转化，提高科技成果转移转化成效。

▌ 法条解读 ▌

本条是关于按照市场机制联合组建科技联合体的规定。本条是 2021 年修订时新增法条，目的在于推动产学研深度融合，加快科技成果转移转化。我国产学研合作体系的不断完善，扩展了产学研合作的广度和深度，由承接短期的委托等项目发展到长期稳定合作乃至共建研究开发平台等科研联合体。为应对产学研合作进入"深度融合"阶段，本条旨在规范科技联合体的合作机制。

▌ 典型案例 ▌

北京市知识产权办公会议办公室、天津市知识产权战略领导小组办公室、河北省知识产权战略实施工作领导小组办公室共同签署了"京津冀深入推进知识产权协同发展战略合作协议"。京津冀三地知识产权管理部门将在知识产权高质量创造、成果转移转化等方面加强合作，聚焦产业转型升级，围绕人工智能、大数据等新领域、新业态，支持适宜的知识产权要素向津冀流动。共同搭建知识产权成果转化服务平台，发布跨区域知识产权交易信息，为企业开展质押融资提供服务，促进技术成果在三地具备条件的地方转化。鼓励三地高校、科研院所建设高水平的知识产权运营服务机构，拓宽知识产权交易渠道，推动三地产业协同发展。

案例解读

此系京津冀协同促进高质量发展，京津冀合作推动高水平保护的实例。三地共同推动知识产权公共服务平台相互衔接，加强知识产权信息供给和数据领域交流合作，促进知识产权数据共享应用；以京津冀自由贸易试验区为重点，共建知识产权公共服务工作站。在知识产权协同保护方面，三地加强跨区域案件联合执法，加大知识产权侵权和犯罪行为打击力度，提升知识产权案件审判质效，加快知识产权纠纷多元化调解机制建设，合力做好知识产权维权援助。京津冀三地知识产权管理部门进一步加强合作，建设知识产权创造运用强市和知识产权保护高地城市，优化营商环境，是协同推进研究开发与科技成果转化，提高科技成果转移转化成效的典范。领导干部学习了解了《科学技术进步法》中按照市场机制联合组建科技联合体的规定后，应该在跨域合作上进行创新，以多种方式、多种举措组建研究开发平台、技术创新联盟、创新联合体等，协同推进研究开发与科技成果转化，提高科技成果转移转化的成效。

▌▌▌习近平法治思想指引 ▌▌▌

要坚持"四个面向"，加快实施创新驱动发展战略，推动产学研深度合作，着力强化重大科技创新平台建设，支持顶尖科学家领衔进行原创性、引领性科技攻关，努力突破关键核心技术难题，在重点领域、关键环节实现自主可控。

——习近平 2023 年 3 月 5 日在参加十四届全国人大一次会议江苏代表团审议时的讲话

4.领导干部要找准乡村振兴和农业农村现代化的技术路径

第三十六条 国家鼓励和支持农业科学技术的应用研究，传播和普及农业科学技术知识，加快农业科技成果转化和产业化，促进农业科学技术进步，利用农业科学技术引领乡村振兴和农业农村现代化。

县级以上人民政府应当采取措施，支持公益性农业科学技术研究开发机构和农业技术推广机构进行农业新品种、新技术的研究开发、应用和推广。

地方各级人民政府应当鼓励和引导农业科学技术服务机构、科技特派员和农村群众性科学技术组织为种植业、林业、畜牧业、渔业等的发展提供科学技术服务，为农民提供科学技术培训和指导。

‖ 法条解读 ‖

本条是关于促进农业科学技术进步的规定，2021 年在 2007 年修订的第 23 条的基础上修改而成。避免了重复性规定，完善了科学技术进步的目标，强调了农业科学技术服务机构在新时代乡村振兴及农业现代化进程中所提供服务的重要性。本条第 1 款推动农业科学技术知识向农业成果的转化，引领新时代乡村振兴的前进道路；本条第 2 款支持公益性农业科学机构的发展，突出农业科技服务的主力作用；本条第 3 款强调了农业科技服务机构和科技特派员的重要性，提倡建设农业科技社会化服务体系。

‖ 典型案例 ‖

近年来，鄂尔多斯市东胜区成立科技特派员服务团，面向农村地区开展专项行动，以技促农、科技兴业、人才先行。在泊江海子镇柴登村，科技特派员段德军站在鱼塘边同老乡交流着今年鱼塘预计的收成情况。曾经的柴登村，养鱼人家寥寥无几，种出的蔬菜品质也不高，村民从事农业生产的积极性很低。了解这一情况后，段德军对村里的土壤、水源等进行了考察研判，确定了生态农业的发展方向，并联合村委会尝试"鱼菜共生"养殖新模式。这一模式推广后，肥美的鱼、新鲜的菜成了村民的致富来源，2022 年村里每家的生产利润提高了近三成。2023 年 10 月，东胜区已通过科技特派员推广新技术 6 项，引进新品种 173 个，服务农户 1 183 户，培训农民 2 320 人，辐射带动农民 8 000 余人，867 户农民实现增收致富。

案例解读

在本实例中，有了科技特派员的帮助，越来越多东胜乡民享受到了科技兴农带来的福利。东胜区结合科技特派员的专业特长和乡镇需求，安排他们对接驻派乡镇、单位，实现对科技人才的精准使用；还通过对乡镇需求、产业结构、人员情况等多种因素的整合筛选，实现对科技特派服务团人员结构的动态调整，持续为乡村振兴点亮科技之光。这很好地诠释了《科学技术进步法》所强调的农业科学技术服务机构在新时代乡村振兴及农业现代化进程中所提供服务的重要性。地方各级人民政府应当遵循《科学技术进步法》，采取多种有效方式，支持公益性农业科学技术研究开发机构和农业技术推广机构进行农业新品种、新技术的研究开发、应用和推广；鼓励和引导农业科学技术服务机构、科技特派员和农村群众性科学技术组织为种植业、林业、畜牧业、渔业等的发展提供科学技术服务，为农民提供科学技术培训和指导。

▌ 习近平法治思想指引 ▌

农业现代化关键要靠科技现代化，要加强农业与科技融合，加强农业基地和科研院所等合作，专家学者要把论文真正写在大地上，让农民掌握先进农业技术，用最好的技术种出最好的粮食。

——习近平 2020 年 7 月 22 日在吉林省四平市梨树县考察时的讲话

5. 领导干部要为技术市场的培养发展牵线搭桥

第三十八条 国家培育和发展统一开放、互联互通、竞争有序的技术市场，鼓励创办从事技术评估、技术经纪和创新创业服务等活动的中介服务机构，引导建立社会化、专业化、网络化、信息化和智能化的技术交易服务体系和创新创业服务体系，推动科技成果的应用和推广。

技术交易活动应当遵循自愿平等、互利有偿和诚实信用的原则。

▌ 法条解读 ▌

本条是关于培育和发展技术市场、促进技术交易的规定。本条是对原法第 27 条的修改。与原法条相比，本条规定一是增加了"统一开放、互联互通、竞争有序"，鼓励科技成果的充分流动，建立统一的技术交易规范，培育和发展统一开放、互联互通、竞争有序的技术市场；二是增加了"创新创业服务"，强调中介服务机构的重要活动方向；三是增加了"信息化和智能化"，鼓励网络、大数据、智能化等新兴技术的使用，提升技术交易的层次和水平。技术市场作为重要的生产要素市场，是我国现代市场体系和国家创新体系的重要组成部分，是各类技术交易场所、服务机构和技术商品生产、交换、流通关系的总和。本条之规定旨在完善面对全球创新发展的新态势和我国全面深化改革的新要求时的技术市场发展体制机制、提高服务效能。最后，本条从法律层面对技术交易活动应该遵循的原则作出规定，保证技术交易活动顺利进行。

▍▍典型案例▍▍

2020 年 10 月 28 日，上海技术交易所正式开市，旨在进一步储备技术市场要素资源，提升技术交易场所市场化服务能力，积极推动技术要素市场建设。开市三年以来，技术交易金额稳步增长，累计交易金额达 229.07 亿元。上海技术交易所参与发起组建"上海市科技成果转化标准化技术委员会"，参与 10 项国家、地方、团体标准编制，积极推动企业标准化实践，已制订 35 项企业标准。交易所还通过互联网，建立起全国知识产权交易生态网络。该交易网络已触达全国 20 个省、直辖市，累计链接全国 50 个技术市场网点，引入 19 家核心交易网络成员单位，成立 9 个区域创新中心核心节点。

案例解读

上海技术交易所积极推动"技术权益登记"和"科技成果市场化评价"工作，为交易主体提供权益保障和谈判参考；帮助高校院所梳理技术成果"库存"，摸清家底，针对科技成果转化的各环节提供风控优化建议，保障尽职免责；推动商业秘密（专有技术）的初步确权保护与登记业务，保护企业、企业家合法权益；支持投资机构的投资决策，为银行等金融机构风险预判与授信决策提供支持。有效降低技术要素流通成本和交易成本，促成跨区域交易。上海技术交易所还通过输出先进交易体系带动其他区域创新体系、交易体系升级，从而引领全国技术交易服务，促进科技成果转化，支持产业创新升级。领导干部通过学习《科学技术进步法》可以深入了解国家对于培育和发展技术市场、促进技术交易的相关规定，积极为各类技术交易场所、服务机构和技术商品生产、交换、流通等创造便利。

▍▍习近平法治思想指引▍▍

经济体制改革是全面深化改革的重点，核心问题是处理好政府和市场的关系，使市场在资源配置中起决定性作用和更好发挥政府作用。

——2013 年 11 月 12 日党的十八届三中全会审议通过的《中共中央关于
全面深化改革若干重大问题的决定》

6. 领导干部要时刻紧绷知识产权之弦

第四十五条 国家保护企业研究开发所取得的知识产权。企业应当不断提高知识产权质量和效益，增强自主创新能力和市场竞争能力。

‖ 法条解读 ‖

本条是关于保护企业知识产权、增强知识产权的质量和自主创新能力的规定。党的十八大以来，我国越来越注重知识产权的顶层设计。知识产权工作关系国家治理体系和治理能力现代化，关系高质量发展、关系人民生活幸福。党的二十大强调，树立高质量发展的理念，把创造质量和运用效益摆在更突出的位置，以知识产权高效益运用支撑经济高质量发展。本条从国家、企业两个方面作出规定：其一，规定的是国家义务，必须依法保护企业研究开发所获得的知识产权；其二，规定的是企业义务，企业应当提高知识产权质量和效益，增强自主创新能力和市场竞争能力。

‖ 典型案例 ‖

为持续优化营商环境，助力激发企业创新活力，某知识产权法庭充分发挥司法功能和社会功能，强化司法延伸服务，与某市场监督管理局、某科技园共同签署"知识产权协同促进与保护合作框架协议"，并成立"科技园知识产权维权援助示范站"，聚焦企业需求，主动提供便捷、优质、务实的法律服务，充分发挥协同保护效能，为助力企业高质量发展、优化营商环境织好"支撑网"。具体举措包括：一是与省、市知识产权局建立诉调对接机制，推进一站式多元解纷。二是在全省率先实行"专家证人＋技术鉴定＋专家咨询＋技术陪审员＋技术调查官"五位一体的技术事实查明机制，专业高效解决技术事实查明难题。三是聚焦企业需求，不断创新完善务实管用的服务措施，为园区企业提供"清单式"普法宣传、"点单式"法律培训和"订单式"法律风险防控指南。建立知识产权纠纷立审执"绿色通道"，为园区企业提供便捷高效的法律服务。

案例解读

此系创建科技园知识产权维权援助示范站，推动园区知识产权高质量发展和企业研发成果的转化和保护的典型实例。案例中示范站的成立，目的是通过三方通力协作实现资源整合、优势互补，更好地服务园区企业科技成果研发、转化、运用和保护，是知识产权法庭在知识产权促进、保护和服务工作机制方面进行的一次探索创新，也是深化府院联动、强化诉源治理、服务创新驱动发展战略的扎实举措。各级政府可以此为鉴，借助多方协作，多措并举，共同助推企业知识产权高质量发展，不断支持和引导企业将在生产经营过程中创造的创新成果借助援助示范站平台快速转化、快速保护，助推企业创新创造的活力更强、动力更足，为实现经济高质量发展提供助力。

▎▎ 习近平法治思想指引 ▎▎

创新是引领发展的第一动力，保护知识产权就是保护创新。

——习近平 2020 年 11 月 30 日在十九届中央政治局第二十五次集体学习时的讲话

要挖掘增长创新潜力，共同加强知识产权保护，在充分参与、凝聚共识的基础上制定规则，为科技发展打造开放、公平、公正、非歧视的环境。

——习近平 2022 年 5 月 18 日在庆祝中国国际贸易促进委员会建会 70 周年大会暨全球贸易投资促进峰会上的致辞

7. 领导干部要为科技成果转化提供便利

第七十二条 县级以上地方人民政府应当支持科学技术研究和应用，为促进科技成果转化创造条件，为推动区域创新发展提供良好的创新环境。

法条解读

本条是 2021 年修订时新增法条，是关于地方人民政府在推动区域科技创新上的职责和义务的规定。科技创新的能力和水平已经成为新时代区域发展的主要制约因素，地方在实施创新驱动发展战略中的作用也越来越突出。本条强调了县级以上地方人民政府应当将推动科技创新，为科技创新创造良好条件并发挥科技创新在推动地方经济社会高质量发展中的支撑引领作用作为基本职责，旨在发挥其积极性和主动性。

典型案例

随着科技创新工作的不断发展，吉林省于 1999 年制定的《吉林省促进科技成果转化条例》（以下简称 1999 年《条例》）已与科技成果转化的实际需要不相适应，科技成果转化信息不对称、权责不明晰，科技权益保障不到位等问题日益凸显。同时，1999 年《条例》部分条款与现行上位法不一致。2023 年 4 月 26 日，省政府新闻办召开《吉林省促进科技成果转化条例》新闻发布会，吉林省科学技术厅副厅长刘宝芳介绍：2023 年 4 月 4 日，新修订的《吉林省促进科技成果转化条例》（以下简称 2023 年《条例》）经省第十四届人大常委会第二次会议审议通过，自 5 月 4 日起施行。对比于 1999 年《条例》，2023 年《条例》主要突出了"两个新增""三个强化"。

"两个新增"：一是新增了基本原则。2023 年《条例》在总则中增加了自愿、互利、公平、诚实信用几项基本原则。二是新增了转化服务的具体规定。

"三个强化"：一是强化保障措施，二是强化技术权益保护，三是强化法律责任。

案例解读

吉林省 2023 年《条例》，自 2023 年 5 月 4 日起施行。条例引导建立社会化、专业化、网络化、信息化和智能化的技术交易服务体系和创新创业服务体系，推动科技成果的应用和推广；鼓励科技成果转化服务机构开展跨境、跨区域的科技成果转化服务。2023 年《条例》明确了县级以上人民政府为科技成果转化提供财政、金融、保险等支持，为引进和培养科技成果转化人才提供优惠政策和便利措施，建立了相关的免责机制，为科技成果转化提供多层次、多模式、多渠道的保障措施。2023年《条例》鼓励以股权形式对职务科技成果进行奖励，并允许个人递延至转让该股权时纳税。同时，2023年《条例》还规定了科技成果转化收益奖励支付期限、奖励方式等内容，最大限度地保护科研人员的技术权益，激发科研人员的成果转化主观能动性。2023年《条例》细化了成果转化过程中弄虚作假、侵占、欺骗、泄露秘密、渎职等行为的处罚，对违法转化行为进行了全面细致的归责。

各级地方政府，尤其是县级以上地方人民政府应当发挥积极性和主动性，贯彻《科学技术进步法》，将推动科技创新，为科技创新创造良好条件并发挥科技创新在推动地方经济社会高质量发展中的支撑引领作用作为基本职责。

▌▌▌ 习近平法治思想指引 ▌▌▌

各地区要立足自身优势，结合产业发展需求，科学合理布局科技创新。要支持有条件的地方建设综合性国家科学中心或区域科技创新中心，使之成为世界科学前沿领域和新兴产业技术创新、全球科技创新要素的汇聚地。

——习近平 2021 年 5 月 28 日在中国科学院第二十次院士大会、中国工程院第十五次院士大会、中国科协第十次全国代表大会上的讲话

8. 领导干部要积极探索区域科技创新模式

第七十八条　国家鼓励地方积极探索区域科技创新模式，尊重区域科技创新集聚规律，因地制宜选择具有区域特色的科技创新发展路径。

▌▌▌ 法条解读 ▌▌▌

本条是关于区域科技创新路径规定的新增法条，目的是促进地方根据发展的实际，探索具有区域特色的科技创新发展道路。2016 年 5 月，国务院印发《国家创新驱动发展战略纲要》，提出要构建各具特色的区域创新发展格局。如东部注重提高原始创新和集成创新能力，中西部地区走差异化和跨越式发展道路，柔性汇聚创新资源，加快先进适用技术的推广和应用。走合理

分工、优化发展的路子，形成优势互补、高质量发展的区域科技创新布局。从历史上看，我国区域发展同质化问题较突出，比如"十三五"期间，国家大力发展机器人产业，所有省市都将其作为科技创新规划的重要内容，欠发达地区与发达地区一样比拼科技创新收入，建设科技创新载体，没有找到适合本地发展需求和与实际相适应的办法，探索的路径缺乏实效性，造成区域科技实力差距越来越大。

▌▌▌ 典型案例 ▌▌▌

2021年7月7日，京东拍卖网发布了"德淮半导体有限公司整体资产"拍卖项目竞买公告，该项目评估价约为23.8亿元，起拍价为16.6616亿元起，加价幅度为1000万元及其整数倍，保证金约为3.3亿元。淮安市淮阴区人民法院为此次竞拍的监督单位。事实上，德淮半导体有限公司（以下简称"德淮半导体"）早已入不敷出，拖欠了近亿元的员工工资。德淮半导体整个项目在淮安政府2020年工作报告中已被除名，而且被踢出江苏省2020年重大项目名单。耗尽淮阴区整整两年全额财政收入打造的明星项目，如今被弃如敝屣。2017年，凭借淮阴政府首批注资的22亿元，德淮半导体横空出世，并在一年的时间内陆续高调对外公布完成封顶、设备进厂、量产、实现收入等一系列进展。2019年3月，业内开始传出德淮半导体拖欠供应商货款的消息；其后，德淮半导体员工于2019年10月向某网站爆料称："德淮已无资金发放9月份薪水，德淮虽然采购了部分二手设备，但远不足以建成生产线，所采购设备已经闲置一年以上。""政府在投资的时候，还为德淮提供了大量贷款，包括私人借款、银行抵押等，其中还包括政府人员帮德淮向社会资本借的数亿贷款，现均已无力偿还"。

实际上，在2019年10月，淮安市淮阴区委原书记刘某宇因涉嫌严重违纪违法接受纪律检查和监察调查之后，德淮半导体真正的崩盘也就开始了。刘某宇自2013年12月出任淮阴区委书记，德淮半导体系其引进的重点项目。2019年年底，德淮半导体董事会中代表政府的董事董某陈也被调查。值得注意的是，董某陈当时就是淮阴区政府对外投资主体——淮安园兴投资、淮阴城市资产两个国资企业的负责人。德淮半导体在一些招投标项目中，也出现一些诡异现象，比如基建项目耗费比正常的价格虚高一倍，生产线项目费用偏高，而且招标中存在"舍优取劣"情况。另外，媒体还报道德淮半导体存在惊人的公关费用："德淮每个月仅烟酒费用要高达几十万（元）"，"德淮的消费很奢华，整个淮安的高档 KTV，德淮几乎全都是 VIP"，"高管一顿年夜饭就能吃掉 200 多万（元）"。

案例解读

此案系江苏德淮半导体"烂尾"项目案。除了领导干部履职方面的问题，德淮半导体本身也存在令人思考的问题。由于近年来中国兴起了芯片热，各地都对芯片项目非常热衷，在政策上各种开绿灯，投资力度也非常大，类似德淮半导体的案件还有很多。比如苏州宏芯与 IBM 合作两年左右就闹出欠薪风波，贵州华芯通与高通合资两年多就关门了。还有个别顶着民族企业光环的寡头，打着安全旗号，向相关单位大肆兜售 ARM 服务器，并且在全国各地圈地抢占市场，这些做法都是有待商榷的。地方政府对于那些带有光环的引进项目，应该加强甄别，避免宝贵的国有资金和时间被这些名不副实的技术引进项目挥霍。该案例也警示广大领导干部：在个别产业的投资热情不断高涨的时候要保持理性，对一些没经验、没技术、没人才的企业投资于该行业的，要对产业发展的规律有清醒认识，不能盲目上项目，要防范低水平重复建设的风险，避免出现建设停滞、厂房空置，造成资源浪费，最终目的是找到适合本地发展需求和与实际相适应的办法和路径。

▌习近平法治思想指引 ▌

要提高风险化解能力，透过复杂现象把握本质，抓住要害、找准原因，果断决策，善于引导群众、组织群众，善于整合各方力量、科学排兵布阵，有效予以处理。

——习近平 2019 年 1 月 21 日在省部级主要领导干部坚持底线思维着力防范化解重大风险专题研讨班开班式上的讲话

9. 领导干部要积极促进科学技术合作与交流

第八十一条 国家鼓励企业事业单位、社会组织通过多种途径建设国际科技创新合作平台，提供国际科技创新合作服务。

鼓励企业事业单位、社会组织和科学技术人员参与和发起国际科学技术组织，增进国际科学技术合作与交流。

▌ 法条解读 ▌

本条是 2021 年修订时关于国际合作平台与组织的新增法条。本条说明，国际科技创新合作平台和国际科学技术组织是开展国际科学技术合作和交流的重要渠道。国际科技创新合作平台的主要功能是为国际科技创新合作提供服务，国际科学技术组织在增进国际科学技术合作与交流上发挥重要的组织作用。同时，本条强调了鼓励各类创新主体发挥各自优势、结合自身发展需求，为国际科技创新合作提供便利化的服务，覆盖到国际科技创新合作的各个环节。

▌ 典型案例 ▌

当地时间 2023 年 8 月 16 日，阿拉伯国家—中国经贸合作创新中心（以下简称"中心"）揭牌仪式在迪拜举行。中心的成立将为"一带一路"中国与沿线各国提供科技交流和经贸合作的高质量平台。中国企业在阿拉伯国家不断探索经贸投资机遇，并将沙特、阿联酋等国作为未来投资发展的新选择。在中国第一批加入中心的有 154 家商协会、研究院所、智库等成为中心联席机构。中心办公室设在北京的中国国际科技会展中心，阿拉伯国家办公室设立在迪拜，业务覆盖 22 个阿拉伯国家。

案例解读

设立"阿拉伯国家—中国经贸合作创新中心"是为贯彻落实中华人民共和国科技部、中华人民共和国发展改革委、中华人民共和国外交部、中华人民共和国商务部等《推进"一带一路"建设科技创新合作专项规划》，按照《科学技术进步法》的要求，国家鼓励企业事业单位、社会组织通过多种途径建设国际科技创新合作平台，提供国际创新合作服务的文件精神，希望加强与阿拉伯国家在科技领域的深度合作。沙特推出"2030愿景"，阿联酋提出"面向未来50年国家发展战略"，卡塔尔提出"2030国家愿景"，科威特提出"2035国家愿景"，埃及提出"振兴计划"等。这些布局筹划与中国"一带一路"倡议相契合，在中阿之间实现了优势互补与资源、技术对接。

▌ 习近平法治思想指引 ▌

要逐步放开在我国境内设立国际科技组织、外籍科学家在我国科技学术组织任职，使我国成为全球科技开放合作的广阔舞台。

——习近平2020年9月11日在科学家座谈会上的讲话

10. 领导干部要为科学技术研究开发助力

> **第八十五条** 国家加大财政性资金投入，并制定产业、金融、税收、政府采购等政策，鼓励、引导社会资金投入，推动全社会科学技术研究开发经费持续稳定增长。

▌ 法条解读 ▌

本条是关于推动全社会科技投入持续稳定增长的规定，由对原法第9条修改而来，并将"金融"置于"税收"之前。政府财政科技投入是科技创新的重要保障，是国家加强科技创新的共同做法。党的十九届五中全会提出："要加大研发投入，健全政府投入为主、社会多渠道投入机制。"要求政府要明确政府科技投入的边界和方式，明晰政府和市场的功能定位，调动企业等创新主体投入的积极性和主动性，引导企业和社会增加研发投入，完善以政府投入为引导、以企业投入为主体、全社会资金广泛投入的多元化、多层次、多渠道的投入机制。

▌ 典型案例 ▌

科技部和中国科学技术信息研究所发布的"2022中国城市科技创新能

力百强榜"显示：西安创新指数为 72.4，位列全国第八。2023 年，西安市财政共安排科技发展专项资金 9 亿元支持西安科技创新发展，重点支持秦创原平台建设，着力强化秦创原"一总两带"发展引领。为充分发挥政府投资引导基金作用，西安市按市场化方式发起设立了总规模为 100 亿元的创新投资基金（简称创新基金）。创新基金采用省市区共同出资的结构，由西安市统筹安排 80 亿元，争取省政府引导基金出资 20 亿元，由西安财金投资管理有限公司（以下简称西安财金公司）按照市场化方式运作。西安财金公司董事长任纪刚表示，截至 2023 年 7 月，创新基金已完成 41 支子基金的投资决策工作，子基金合作规模达 288.09 亿元，其中，争取中央和省级引导基金、国有企业和各类产业、社会资本出资合计 185.71 亿元。投小投早投科技，助推企业做大做强融资上市，一直是西安财政金融的重点工作。截至 2023 年 6 月底，创新基金已投资 A 轮以前项目 226 个，金额 25.79 亿元，有效解决社会资本对企业早期资金投入力度不足的问题。创新基金围绕全市六大支柱产业和 19 条重点产业链项目招引需求，面向全国布局产业链上下游相关项目，以投促引支持项目落地西安。

案例解读

西安市积极创新财政科技投入方式，通过设立百亿创新投资基金、打造财政金融协同联动模式等举措，积极发挥财政职能作用，助力秦创原创新驱动平台建设。在秦创原创新驱动平台建设的过程中，财政金融力量的支撑尤为重要，西安市财政局严格落实中央关于科技投入的要求，持续加大财政科技投入力度，取得了明显成效。各级政府应当贯彻《科学技术进步法》的规定，将"金融"置于"税收"之前，积极引导企业和社会增加研发投入，完善以政府投入为引导、以企业投入为主体、全社会资金广泛投入的全方位投入机制。

▓ 习近平法治思想指引 ▓

要加大政府科技投入力度，引导企业和社会增加研发投入。

——习近平 2013 年 9 月 30 日在十八届中央政治局第九次集体学习时的讲话

第九十一条　对境内自然人、法人和非法人组织的科技创新产品、服务，在功能、质量等指标能够满足政府采购需求的条件下，政府采购应当购买；首次投放市场的，政府采购应当率先购买，不得以商业业绩为由予以限制。

政府采购的产品尚待研究开发的，通过订购方式实施。采购人应当优先采用竞争性方式确定科学技术研究开发机构、高等学校或者企业进行研究开发，产品研发合格后按约定采购。

‖ 法条解读 ‖

本条是关于政府采购支持科技创新的规定，由对原法第 25 条修改而来。与原法条相比，本条一是在第 1 款增加"不得以商业业绩为由予以限制"。之所以这样修改，主要是因为首次投放市场的科技创新产品和服务通常缺乏商业业绩，要求商业业绩实际上是限制了科技创新产品和服务进入政府采购。二是在第 2 款中将原法规定的"采购人应当运用招标方式确定"修改为"采购人应当优先采用竞争性方式确定"，并规定"产品研发合格后按约定采购"。此修改的主要原因是使其表述更加准确、清楚，便于实施。

‖ 典型案例 ‖

政府首购为创新"保驾护航"——2022 年度珠海市创新产品清单

2023 年 2 月，珠海市科技创新局印发《2022 年度珠海市创新产品清单》，珠海共有 181 个创新产品入选此清单。此次入选的创新产品主要分布在集成电路、生物医药、新材料、新能源与新能源汽车、高端打印设备、新一代信息技术等珠海重点发展产业。根据《关于珠海市创新产品政府首购和订购工作实施办法的通知》，符合国家相关法律法规及产业技术政策，代表先进技术发展方向，首次投向市场、暂不具备市场竞争力，但具有较大市场潜力，需要重点扶持的创新产品，可通过政府采购方式由采购人首先采购。珠海市科技创新局自 2019 年起开始每年公布珠海市创新产品清单，2019 年、2020 年、2021 年分别认定了 97 个、113 个、88 个创新产品。

案例解读

科技成果商业化是全球性的难题，甚至被科学界称为"死亡之谷"。从国际经验来看，政府首购是破解这一难题的普遍举措，例如在美国，晶体管生产之初并不被市场接受，但美国国防部率先认识到晶体管在武器系统中的潜在优势，因此通过大量的政府采购为晶体管技术存活与发展提供了条件；在韩国，韩国政府对于国际竞争较为激烈的汽车、电子等创新产品亦推行政府首购制度。领导干部应当学习了解此制度，毕竟创新产品的认定及相关扶持政策，能够充分发挥政府采购政策的功能导向作用，鼓励和支持创新产品的研究和应用推广。

▍▍习近平法治思想指引 ▍▍

要加快培育外贸新动能，巩固外贸外资基本盘，拓展中间品贸易、服务贸易、数字贸易、跨境电商出口。放宽电信、医疗等服务业市场准入，对标国际高标准经贸规则，认真解决数据跨境流动、平等参与政府采购等问题，持续建设市场化、法治化、国际化一流营商环境，打造"投资中国"品牌。

——习近平在 2023 年 12 月 11 日至 12 日中央经济工作会议上的讲话

11. 领导干部要履行科技监督职责

第九十八条　国家加强科技法治化建设和科研作风学风建设，建立和完善科研诚信制度和科技监督体系，健全科技伦理治理体制，营造良好科技创新环境。

▍▍法条解读 ▍▍

本条是 2021 年修订时关于科技法治化建设和科研作风学风建设的新增规定。国家加强科技法治化建设，将科技监督纳入法治化轨道，提高科技监督的科学化、法治化水平，通过完善科研诚信制度、健全科技伦理治理体制等措施，推动加强科研作风建设，目的是营造风清气正的科技创新环境，筑牢建设创新型国家和世界科技强国的根基。加强法治政府建设是全面依法治国的重要任务之一,科技等行政主管部门应当加强法治政府建设,将对科技活动的监督管理纳入法治化轨道。科研作风学风是科学精神和创新文化在科研人员和科研活动中的体现,是科学共同体广泛认可、共同遵循、弘扬倡导的价值理念。

▌典型案例▌

2022年,科技部坚持以习近平新时代中国特色社会主义思想为指导,全面贯彻落实党的二十大精神,深刻领会"两个确立"的决定性意义,不断增强"四个意识"、坚定"四个自信"、做到"两个维护",坚持深入学习贯彻习近平法治思想,认真落实《法治中国建设规划(2020—2025年)》《法治社会建设实施纲要(2020—2025年)》《法治政府建设实施纲要(2021—2025年)》部署,扎实推进法治政府建设工作,为高水平科技自立自强提供坚实的法治保障。2023年,科技部将全面贯彻党的二十大精神,深入学习领会习近平法治思想,坚持依法治国、依法执政、依法行政共同推进,科学立法、严格执法、积极普法,完善科技创新法律制度,全面提升科技法治化水平,为高水平科技自立自强提供法治保障。

案例解读

此例来自科技部2022年法治政府建设情况报告。科技部法治政府建设坚持党对法治政府建设的全面领导,深入学习习近平总书记关于法治中国建设的重要论述,统筹推进科技创新与法治建设,加强部系统机关干部学法用法;持续完善科技领域法律制度体系,健全行政执法制度体系;扎实推进落实依法行政,严格依法开展法制审核工作;进一步加快推进政府职能转变,稳妥推进落实政府信息公开;完善权力制约和监督机制,推进全面从严治党向纵深发展,组织开展警示教育;积极推动数字政府建设,完善一体化政务服务平台建设;大力开展法律法规宣介,推进《科学技术进步法》贯彻实施。领导干部学习理解《科学技术进步法》,可以深刻体会国家加强科技法治化建设的要领,与此同时,为营造风清气正的科技创新环境,科技等行政管理部门应当加强法治政府建设,将科技监督纳入法治化轨道。

▌ 习近平法治思想指引 ▌

我们要坚持走中国特色社会主义法治道路，建设中国特色社会主义法治体系、建设社会主义法治国家，围绕保障和促进社会公平正义，坚持依法治国、依法执政、依法行政共同推进，坚持法治国家、法治政府、法治社会一体建设，全面推进科学立法、严格执法、公正司法、全民守法，全面推进国家各方面工作法治化。

——习近平 2022 年 10 月 16 日在中国共产党第二十次全国代表大会上的报告

第一百条　国家加强财政性科学技术资金绩效管理，提高资金配置效率和使用效益。财政性科学技术资金的管理和使用情况，应当接受审计机关、财政部门的监督检查。

科学技术行政等有关部门应当加强对利用财政性资金设立的科学技术计划实施情况的监督，强化科研项目资金协调、评估、监管。

任何组织和个人不得虚报、冒领、贪污、挪用、截留财政性科学技术资金。

▌ 法条解读 ▌

本条是关于财政性科学技术资金使用监督管理的规定。与原法第 61 条相比，本条在第 1 款增加"国家加强财政性科学技术资金绩效管理，提高资金配置效率和使用效益"，将"审计机关、财政部门应当依法对财政性科学技术资金的管理和使用情况进行监督检查"改为"财政性科学技术资金的管理和使用情况，应当接受审计机关、财政部门的监督检查"。其修改的主要原因是对财政性科学技术资金实施绩效管理、提高资金配置效率和使用效益，是财政性科学技术资金使用和管理的基本要求，财政性科学技术资金的管理和使用情况应当受到相关部门的监督检查。本条第 2 款对科学技术行政等有关部门的监督和科研项目资金的协调、评估、监管的权利和义务作了明确规定。

▌▌典型案例 ▌▌

王教授是某大学石油天然气工程学院的教授、博士研究生导师，也是国家重点实验室的副主任，承担了多项国家级和省部级的科研项目。他在石油天然气领域有着较高的学术地位和影响力，曾获得过国家科技进步二等奖和三等奖，以及多项省部级科技奖励。然而，王教授没有珍惜自己的声誉和荣誉，反而沉迷于贪欲和享乐，利用职务便利，通过虚报劳务费、虚开发票等方式，先后套取科研经费共计576万余元，将其中323万余元据为己有，用于购买房产、汽车、名表、珠宝等奢侈品，以及旅游、娱乐、赌博等消费。王教授还向科研主管人员给予"好处费"50万元，以获取更多的科研项目。王教授坦白了自己领取空饷，以及伪造发票套取科研经费的经过："因为石油大学给劳务人员发钱都是通过银行卡，所以我就让几个自己的学生，去开了银行卡，但是这些银行卡其实都是我在用。"王教授的贪腐行为被查处后，其被开除党籍和公职，并因涉嫌贪污罪、受贿罪和滥用职权罪被移送司法机关处理。

案例解读

本案中王教授违法违规套取科研经费的行为，违反了《科学技术进步法》。《科学技术进步法》要求科学技术行政等有关部门加强对利用财政性资金设立的科学技术计划实施情况的监督，强化科研项目资金监管，任何个人不得虚报财政性科学技术资金。广大领导干部应当加强财政性科学技术资金使用的监督管理，保证财政性科学技术资金实施绩效管理的有效性，切实提高资金配置效率和使用效益。

▌▌习近平法治思想指引 ▌▌

要完善党和国家监督体系……要以党内监督为主导，推动人大监督、民主监督、行政监督、司法监督、审计监督、财会监督、统计监督、群众监督、舆论监督有机贯通、相互协调。

——习近平 2020 年 1 月 13 日在十九届中央纪委四次全会上的讲话

《中华人民共和国中小企业促进法》

重点条文解读

导　学

中小企业在全国企业注册量中占据绝大多数，是国家税收的重要来源，对于推动经济发展、稳定市场就业发挥着巨大作用。但实践中，中小企业限于较小的生产规模和较弱的风险抵御能力，容易受到市场扰动的影响而陷入困境，因而适时地解决中小企业融资难问题、营造公平的市场环境、保障中小企业健康成长成为立法和政府部门关注的焦点。2002年，在中国加入世界贸易组织，以及中小企业作用日益凸显的背景下，《中华人民共和国中小企业促进法》（以下简称《中小企业促进法》）出台，并于2003年1月1日起正式实施。该法在夯实中小企业促进中的政府职责的同时，也提供了一系列的优惠，为中小企业稳健发展创造了良好的法治环境。该法实施多年后，伴随着经济的发展和市场环境的变化，中小企业出现生产成本上升、盈利水平下降、生存发展压力不断增大的问题，既有法律已经在某些方面不适应进一步促进中小企业发展的实际需求，扶持政策存在不够具体、操作性不强等问题。鉴于此，在前述现实问题以及优化营商环境的要求下，《中小企业促进法》于2014年开启修订工作，修订稿经历多次审议后，最终于2017年审议通过，并于2018年1月1日起施行。本次修订回应中小企业生存发展的现实需求，进一步加强了政府促进职能、优化营商环境，为促进实体经济发展、保障中小企业合法权益、推动经济转型升级创造了良好的法治环境。

1. 领导干部应当在工作中树立服务于中小企业发展的长期理念

第三条　国家将促进中小企业发展作为长期发展战略，坚持各类企业权利平等、机会平等、规则平等，对中小企业特别是其中的小型微型企业实行积极扶持、加强引导、完善服务、依法规范、保障权益的方针，为中小企业创立和发展创造有利的环境。

‖ 法条解读 ‖

本条明确了中小企业发展促进的三个重点：一是将促进中小企业发展作为长期战略。在《中小企业促进法》实施过程中，党中央、国务院出台了《关于鼓励支持和引导个体私营等非公有制经济发展的若干意见》《关于进一步支持小型微型企业健康发展的意见》，工业和信息化部也于 2021 年制定了《"十四五"促进中小企业发展规划》，中小企业发展促进已上升为国家的长期战略。二是坚持"三个平等"原则，即权利平等、机会平等、规则平等。权利平等指向市场准入、融资贷款、财产保障等方面，机会平等指向破除中小企业在市场竞争中的机会劣势，规则平等则指向一系列的法律、法规、政策等。三是实施方针包括积极扶持、加强引导、完善服务、依法规范、保障权益等五类，该五类主要明确了政府在中小企业的创立、发展等进程中的法定职权。

‖ 典型案例 ‖

助企纾困，北京市多举并行

为助力中小微企业纾困，2022 年北京市出台了《北京市中小微企业首次贷款贴息及担保费用补助实施细则》，海淀区发展改革委制定了《海淀区关于促进中小微企业恢复发展的工作方案》（已失效）等，多举并行，为中小企业提供多项帮扶。

《北京市中小微企业首次贷款贴息及担保费用补助实施细则》的主要内容包括：引导金融机构积极开展首贷户拓展工作，简化操作流程，达标即享，为企业开展首贷补贴，对通过贷款服务中心现场登记或首都之窗"获得信贷一件事"平台登记的、符合条件的本市中小微企业首次贷款业务，按照实际获得贷款产生利息的 20% 给予贴息，或按照贷款额和担保期限给予年化 1% 的贷款担保补助。其中，对受疫情影响较大的餐饮、零售、旅游、民航、公路铁路运输等行业企业，2022 年"首次贷款"业务贴息比例提高至 40%。

《海淀区关于促进中小微企业恢复发展的工作方案》重点突出"多元化政策宣传""多领域房租减免""多维度金融纾困""多层次配套服务"四方面具有海淀特色的举措。截至 2022 年 6 月，海淀区区属国企已总计为企业减免租金 6.4 亿元。此外，海淀区东升镇东升科技园一期等集体经济组织通过延长租期、直接减免等多样形式，对承租企业减免租金。在金融服务方面，"财金协同平台"让中小微企业像"淘宝"购物一样，自主挑选金融机构和金融产品，并可线上办理贴息申请、债权融资、股权融资对接等业务。同时，海淀各镇同步发力，立足区域特色，相继出台服务经济"暖企九条"、优化营商环境十九条，全面优化营商环境。

案例解读

北京市多地出台各项便利和促进中小企业发展的策略，一方面，落实《中华人民共和国中小企业促进法》的要求；另一方面，也真切地为中小企业的发展创造了良好的营商环境和条件，尤其是在金融服务方面，各地出台的措施真正回应中小企业对融资的需求，为中小企业发展注入强心剂。

北京市的多条举措，从多方位助力中小企业发展，为中小企业提供切实的优惠政策，可谓是典型。各级政府与领导干部也应当着力提升本地营商环境，服务当地中小企业，在多个方面全面布局，为中小企业发展创造良好的环境。

▌习近平生态文明思想、习近平法治思想指引 ▌

市场主体是经济的力量载体，保市场主体就是保社会生产力。要千方百计把市场主体保护好，激发市场主体活力，弘扬企业家精神，推动企业发挥更大作用实现更大发展，为经济发展积蓄基本力量。

——习近平 2020 年 7 月 21 日在企业家座谈会上的讲话

2. 领导干部应当了解并掌握国家各级政府部门在中小企业发展促进上的分工

第五条　国务院制定促进中小企业发展政策，建立中小企业促进工作协调机制，统筹全国中小企业促进工作。

国务院负责中小企业促进工作综合管理的部门组织实施促进中小企业发展政策，对中小企业促进工作进行宏观指导、综合协调和监督检查。

国务院有关部门根据国家促进中小企业发展政策，在各自职责范围内负责中小企业促进工作。

县级以上地方各级人民政府根据实际情况建立中小企业促进工作协调机制，明确相应的负责中小企业促进工作综合管理的部门，负责本行政区域内的中小企业促进工作。

||| 法条解读 |||

本条规定各级政府部门在促进中小企业发展方面的职责。首先，自《中小企业促进法》颁布实施以来，国务院已陆续颁布《关于进一步促进中小企业发展的若干意见》《关于进一步支持小型微型企业健康发展的意见》等，建立了协调机制，成立了包含财政部、国家发展改革委、科技部、商务部等部门负责同志在内的领导小组，主要负责统筹规划、组织领导和政策协调。其次，按照本条第2款之规定，国务院相关部门负责中小企业促进工作的宏观指导、综合协调和监督检查。据此国务院相关部门成立了中小企业司，后经调整为中小企业局，具体落实中小企业促进工作，各部委也在各自职责范围内落实政策实施、宏观指导、综合协调、监督检查等工作。最后，各级政府负有具体落实政策的职责。《中小企业促进法》实施后，各级政府陆续建立了管理制度，包括成立中小企业局、建立协调机制等。

3. 领导干部应当在具体工作中落实促进中小企业发展的要求

第七条　国家推进中小企业信用制度建设，建立社会化的信用信息征集与评价体系，实现中小企业信用信息查询、交流和共享的社会化。

▎ **法条解读** ▎

本条是对中小企业信用制度建设的规定。在政府职能转化的现实要求下，本条旨在通过社会化的信用体系，发挥社会和市场力量监督筛选优质中小企业。良好的信用是市场竞争的重要保障，也是企业的无形资产。本条明确了两个方面的内容：一方面，国家应当推进中小企业信用制度建设，包含建立征信体系、征信共享机制以及明确失信惩戒举措等；另一方面，在信用制度建设基础上，建立社会化的信用信息征集与评价体系。当前社会适用较多且反响较好的主要为国家企业信用信息公示系统，2023年《公司法》修订也专门就该系统作出规定，其发挥的作用不断得到体现。

第八条 中央财政应当在本级预算中设立中小企业科目，安排中小企业发展专项资金。

县级以上地方各级人民政府应当根据实际情况，在本级财政预算中安排中小企业发展专项资金。

▎ **法条解读** ▎

本条规定中央财政和地方人民政府安排中小企业发展专项资金的职责。作为典型的促进型经济立法，《中小企业促进法》实施的重要手段就是财税手段的激励，其中首要的就是政府财政的支持。2021年，财政部修订印发了新的《中小企业发展专项资金管理办法》，进一步规范中小企业发展专项资金的管理和使用。本条从中央财政和地方人民政府两级规定了对促进中小企业发展的资金支持：中央财政预算主要用于优化中小企业发展环境、引导地方扶持中小企业发展等，地方各级人民政府财政预算中的中小企业发展专项资金则主要用于公共服务平台、信用担保体系、信息咨询，以及各类小微企业孵化园等的建设。

第十条 国家设立中小企业发展基金。国家中小企业发展基金应当遵循政策性导向和市场化运作原则，主要用于引导和带动社会资金支持初创期中小企业，促进创业创新。

县级以上地方各级人民政府可以设立中小企业发展基金。

中小企业发展基金的设立和使用管理办法由国务院规定。

‖ 法条解读 ‖

本条为设立中小企业发展基金的规定。从国家层面看，自《中小企业促进法》颁布实施以来，国务院及相关部门陆续颁布了《关于进一步促进中小企业发展的若干意见》《关于进一步支持小型微型企业健康发展的意见》《关于国家中小企业发展基金设立方案的批复》等。据此，国家中小企业发展基金于2015 年成立。其后，财政部、工业和信息化部、科技部等加紧推进后续子基金的设立工作。国家中小企业发展基金的整体运行遵循政策导向和市场化运作的机制，基金来源主要为中央财政的整合资金，基金主要用于支持初创企业，促进创业创新。从地方层面看，北京、江苏、湖北、重庆等省市陆续提出设立本地区的中小企业发展基金，助推中小企业发展基金制度落地并发挥作用。

第十二条 国家对小型微型企业行政事业性收费实行减免等优惠政策，减轻小型微型企业负担。

‖ 法条解读 ‖

本条规定对小微企业的行政事业性收费实行优惠政策。国务院行政事业性收费改革是国务院力推的一项重要工作，包括取消部分行政事业性收费，对于确需保留的，则实行部分减免。此即包括对小微企业的减免。为落实法律规定的优惠政策，国务院陆续进行了一系列改革，包括取消了一大批行政事业性收费，公布行政事业性收费目录清单，对一些高校毕业生创办小微企业给予一定期间内的免收管理费、登记费和证照类等收费的优惠。

第十四条 中国人民银行应当综合运用货币政策工具，鼓励和引导金融机构加大对小型微型企业的信贷支持，改善小型微型企业融资环境。

‖ 法条解读 ‖

本条规定中国人民银行融资促进的职责。中国人民银行作为银行的银行、政府的银行，具有金融宏观调控和宏观审慎监管的职能。同时，中国人民银行的货币政策工具可以具有针对性，例如，中国人民银行可以通过对特定行业实施差别利率，调控该行业融资问题；也可以通过特定的公开市场业务，增加或减少相应行业的货币供应总量。中国人民银行的货币政策工具可以产生宏观的、较大范围的影响力，相较于普通金融机构而言，其能够引导大量资金的流动。本条明确中国人民银行在改善小微企业融资环境方面的职能，对小微企业的发展具有重要的推动作用。

> **第十五条** 国务院银行业监督管理机构对金融机构开展小型微型企业金融服务应当制定差异化监管政策，采取合理提高小型微型企业不良贷款容忍度等措施，引导金融机构增加小型微型企业融资规模和比重，提高金融服务水平。

‖ 法条解读 ‖

本条规定国务院银行业监督管理机构对小微企业的融资促进职责。当前我国金融市场以银行业为主导，国家金融监督管理总局作为银行业监督机构，有维护金融秩序的职责，其监管对于金融机构既是一种约束，也能够产生引导效果。本条规定了国家金融监督管理总局对于促进中小企业融资的几项重要职责：其一，差异化监管。相较大型企业，服务中小型企业尤其是小微企业对于银行而言更加具有挑战性，因而通过差异化监管，发挥中小银行的自身优势，对于小微企业融资将更加有利。其二，合理提高小微企业不良贷款容忍度。主要措施就是完善小微企业贷款呆账核销制度，简化程序，提高核销效率。其三，引导金融机构增加小微企业融资规模和比重。这要求国家金融监督管理总局从目标和具体措施上加大力度，引导金融机构的资金向小微企业流动。

> **第二十一条** 县级以上人民政府应当建立中小企业政策性信用担保体系，鼓励各类担保机构为中小企业融资提供信用担保。

‖ 法条解读 ‖

本条规定中小企业信用担保问题。中小企业以担保形式融资可以大致分为信用担保和抵押或质押担保，《中小企业促进法》第19、20条主要规定抵押或质押担保，本条则聚焦信用担保问题，这也是中小企业融资的重要方式。信用担保规模具有地区特性，与当地经济、金融业发展水平有关，因而本条明确县级以上人民政府应当建立中小企业政策性信用担保体系，鼓励各类担保机构为中小企业融资提供信用担保。为落实该条，国务院也出台了《融资担保公司监督管理条例》《关于建立中小企业信用担保体系试点的指导意见》等。县级以上人民政府聚焦于政策性信用担保体系建设，也通过税收优惠等方面的政策，积极增强担保机构为中小企业服务的意愿和能力。

> **第二十四条**　县级以上人民政府及其有关部门应当通过政府网站、宣传资料等形式，为创业人员免费提供工商、财税、金融、环境保护、安全生产、劳动用工、社会保障等方面的法律政策咨询和公共信息服务。

▌▌ 法条解读 ▌▌

本条为法律政策咨询和公共信息服务的规定。中小企业通常规模较小，内部合规建设欠缺，地方政府的公共服务能够在一定程度上弥补这一缺陷。本条从三个方面规定了地方政府的这一职责：其一，明确服务提供的主体。2017年《中小企业促进法》修改将该条规定的"地方人民政府"改为"县级以上人民政府"，增加了服务提供主体的范围，即将国务院及其相关部门纳入其中。其二，明确服务提供方式。随着互联网的普及，宣传方式变得更加便捷，因而本条增加规定了政府网站、宣传资料等形式，当前各级人民政府及其相关部门的门户网站建设与维护即较好地体现了这一点。其三，不断完善服务内容。随着立法的完善，2017年《中小企业促进法》修改新增了环境保护、安全生产等内容，使政府提供的免费法律政策咨询和公共信息服务内容得以扩大，更加有利于中小企业的合规建设。

> **第二十八条**　国家鼓励建设和创办小型微型企业创业基地、孵化基地，为小型微型企业提供生产经营场地和服务。

‖‖ 法条解读 ‖‖

本条为支持小微企业创业基地、孵化基地的规定。小微企业发展初期往往面临人力、资金、场地等方面的问题，创业基地、孵化基地等的建立能够解小微企业燃眉之急，利于小微企业的培育和助推其快速成长。《科技企业孵化器管理办法》《国家小型微型企业创业创新示范基地建设管理办法》《财政部、国家税务总局关于科技企业孵化器税收政策的通知》等的出台，明确了各类创业基地、孵化基地的建设要求，使各类创业园、孵化器、科技园、创客空间等如雨后春笋般出现，为创业活动提供了良好的环境。同时，上述文件还从信息服务、创业辅导、创新支持、人员培训、市场营销、投融资服务、管理咨询等诸多方面对创业基地、孵化基地提出要求，为小微企业的初期成长提供了实在的助力。

‖‖ 典型案例 ‖‖

透过淄博烧烤，看淄博市政府如何落实《中小企业促进法》

2023年上半年，"淄博烧烤"爆火出圈，一时间成为淄博市的一张名片，尤其是进入四月份，"烧烤名片"已经带动了淄博整个烧烤上下游产业链的发展，生鲜物流大市场和商用厨具产业集群得到完善，烧烤行业信贷及相关金融服务也得到了开发。而与"淄博烧烤"独特的吃法与口味同样受到关注的，是淄博市政府、文旅局对这一爆火现象的反应。为打造好"淄博烧烤"这个名片，淄博市政府自上而下全力支持，各部门全面调动，尤其是在"创业扶持"方面，淄博市在城乡规划中安排了必要的用地和设施，为中小企业获得生产经营场所提供便利，打通了网红市场八大局，建设海月龙宫物流港、齐鲁生鲜电商产业基地，为创业者提供了低成本的生产经营场所。同时，在"创新支持"方面，淄博市"新旧动能转换"项目的物流园区设有冷链物流配套区，五万吨智慧冷库、综合交易大厅、海鲜批发交易市场等一系列智慧化园区窗口，实打实地为中小企业在运营管理等环节应用互联网、云计算、大数据、人工智能等现代技术手段，赋能了创新生产方式，提高了生产经营效率。

案例解读

"淄博烧烤"是一个现象级的营销事件，其不仅缘于淄博本地人民的热情好客，也与当地政府，尤其是文旅部门的良好的政策和服务大有关系。同样的现象还在 2023 年年底至 2024 年年初的哈尔滨出现。旅游业的火热是激发促进当地中小企业快速发展的良好契机，领导干部也应抓好机遇，关注本地特色，为中小企业借助良好机遇走向发展快车道提供良好服务。

▌ 习近平法治思想指引 ▌

要加强人才投入，优化人才政策，营造有利于创新创业的政策环境，构建有效的引才用才机制，形成天下英才聚神州、万类霜天竞自由的创新局面！

——习近平 2018 年 5 月 28 日在中国科学院第十九次院士大会、中国工程院第十四次院士大会上的讲话

> **第二十九条** 地方各级人民政府应当根据中小企业发展的需要，在城乡规划中安排必要的用地和设施，为中小企业获得生产经营场所提供便利。
> 国家支持利用闲置的商业用房、工业厂房、企业库房和物流设施等，为创业者提供低成本生产经营场所。

▌ 法条解读 ▌

本条规定政府部门应为中小企业提供生产经营场所。相较前述创业基地、孵化基地等的相关规定，本条将场地提供的要求具体落实到城乡规划中，各级政府部门在城乡规划项目制定、落实中应当安排必要的用地和设施。在本条实施后，各省市通过地方性法规、政府规章等形式将相应职责落实到规划、建设、土地等行政部门。除在城乡规划中安排必要的用地和设施外，本条还明确规定国家支持利用闲置的商业用房、工业厂房等为创业者提供低成本经营场所，这一方面可以起到盘活资源，避免资源闲置浪费的作用，另一方面也为中小企业的经营和发展腾挪出更多经营用地。

> **第三十二条** 国家鼓励中小企业按照市场需求，推进技术、产品、管理模式、商业模式等创新。

中小企业的固定资产由于技术进步等原因，确需加速折旧的，可以依法缩短折旧年限或者采取加速折旧方法。

国家完善中小企业研究开发费用加计扣除政策，支持中小企业技术创新。

‖ 法条解读 ‖

本条是关于鼓励创新和税务优惠的规定。首先，国家鼓励中小企业的各类创新。2017年的《中小企业促进法》修订在创新鼓励部分新增了"管理模式、商业模式"等创新的规定，扩大了支持鼓励范围，这主要是因应互联网等技术发展的要求。其次，增加依法缩短折旧年限或采取加速折旧方法的规定。固定资产缩短折旧年限或加速折旧可以使企业尽早计提固定资产折旧费用，不仅有助于促进企业创新，还可以减轻企业纳税负担。最后，完善研究开发费用加计扣除政策。作为一项税收优惠措施，研发费用加计扣除可以鼓励企业加大研发投入，推动企业创新，对此，除《企业所得税法》《企业所得税法实施条例》之外，各部委出台的《关于完善研究开发费用税前加计扣除政策的通知》《关于提高科技型中小企业研究开发费用税前加计扣除比例的通知》（均已失效）等也是对本条要求的落实。

第三十六条　县级以上人民政府有关部门应当在规划、用地、财政等方面提供支持，推动建立和发展各类创新服务机构。

国家鼓励各类创新服务机构为中小企业提供技术信息、研发设计与应用、质量标准、实验试验、检验检测、技术转让、技术培训等服务，促进科技成果转化，推动企业技术、产品升级。

‖ 法条解读 ‖

本条为建立、发展各类创新服务机构，以及鼓励创新服务机构服务中小企业的规定。创新服务机构包含各类生产力促进中心、技术转移中心、技术服务中心、科技企业孵化器等，它们能够为中小企业发展提供内容丰富的服务与培训。对此，本条明确了两方面的内容：一方面，明确县级以上政府有关部门的职责，即在规划、用地、财政等方面为各类创新服务机构的建立和发展提供支持；另一方面，鼓励上述创新服务机构为中小企业提供各类服务。在《中小企业促进法》实施后，上述各类创新服务机构的主管机关分别出台各项措施，布局产业集群，支持企业发展，如《国家经济贸易委员会、教育部关于在部分高等学校建立国家技术转移中心的通知》和科学技术部《生产力促进中心"十二五"发展规划纲要》。

第三十七条　县级以上人民政府有关部门应当拓宽渠道，采取补贴、培训等措施，引导高等学校毕业生到中小企业就业，帮助中小企业引进创新人才。

国家鼓励科研机构、高等学校和大型企业等创造条件向中小企业开放试验设施，开展技术研发与合作，帮助中小企业开发新产品，培养专业人才。

国家鼓励科研机构、高等学校支持本单位的科技人员以兼职、挂职、参与项目合作等形式到中小企业从事产学研合作和科技成果转化活动，并按照国家有关规定取得相应报酬。

||| 法条解读 |||

本条为帮助中小企业引进与培养人才的规定。人才是企业的核心竞争力，人才的引进、培养是中小企业创新支持的重要内容，本条从帮助人才引进、培养人才、鼓励人才兼职、挂职、参与项目合作三个方面规定了政府有关部门和国家对中小企业的人才支持。首先，引导高等学校毕业生到中小企业就业。对此，各地也推出了不同举措，例如降低落户门槛，发放住房、生活补贴等。其次，向中小企业开放试验设施，开展技术研发与合作。科研机构、高等院校是科研工作的主力军，开放试验设施可以有效助推中小企业的科技研发，为此，《国家发展改革委、教育部、科技部等关于印发关于支持中小企业技术创新的若干政策的通知》《国务院关于国家重大科研基础设施和大型科研仪器向社会开放的意见》《中共中央、国务院关于深化体制机制改革加快实施创新驱动发展战略的若干意见》等文件提出并落实各类试验设施的布局、建设、开放等。最后，明确鼓励科技人员到中小企业从事产学研合作和科技成果转化活动。科研人员的流动对于成果转化有着较强的助推作用，全国各省、自治区、直辖市也不断出台各类政策鼓励引导科研人员向企业流动。

第四十条　国务院有关部门应当制定中小企业政府采购的相关优惠政策，通过制定采购需求标准、预留采购份额、价格评审优惠、优先采购等措施，提高中小企业在政府采购中的份额。

向中小企业预留的采购份额应当占本部门年度政府采购项目预算总额的百分之三十以上；其中，预留给小型微型企业的比例不低于百分之六十。中小企业无法提供的商品和服务除外。

政府采购不得在企业股权结构、经营年限、经营规模和财务指标等方面对中小企业实行差别待遇或者歧视待遇。

政府采购部门应当在政府采购监督管理部门指定的媒体上及时向社会公开发布采购信息，为中小企业获得政府采购合同提供指导和服务。

‖ 法条解读 ‖

本条为政府采购支持中小企业发展的规定。政府采购是政府部门支持中小企业发展的重要组成部分，也是较为直接的政策支持。本条从四个方面明确了政府采购支持的要求：首先，国务院有关部门制定向中小企业采购的优惠政策，作为刺激政府采购的重要动力；其次，明确规定政府向中小企业采购的比例，尤其是对小微企业的采购比例；再次，要求政府采购不得有差别待遇或者歧视待遇；最后，要求一定程度的政府信息公开，避免暗箱操作损害中小企业合法权益。

第四十一条　县级以上人民政府有关部门应当在法律咨询、知识产权保护、技术性贸易措施、产品认证等方面为中小企业产品和服务出口提供指导和帮助，推动对外经济技术合作与交流。

国家有关政策性金融机构应当通过开展进出口信贷、出口信用保险等业务，支持中小企业开拓境外市场。

‖ 法条解读 ‖

本条是对推动中小企业对外经济技术合作与交流的规定。"走出去"是企业发展到一定阶段的重要目标，中小企业虽然规模受限，但通过对外经济技术合作与交流，可以实现境外市场的开拓，进而快速扩大经营规模。本条明确县级以上人民政府应当在诸多方面提供出口指导和帮助，其中较为关键的内容为法律咨询、知识产权保护、技术性贸易措施、产品认证等；同时，本条还要求政策性金融机构提供针对性的帮助，例如开展进出口信贷、出口信用保险等业务。

第四十二条 县级以上人民政府有关部门应当为中小企业提供用汇、人员出入境等方面的便利，支持中小企业到境外投资，开拓国际市场。

‖‖ 法条解读 ‖‖

本条为政府支持中小企业开拓国际市场的规定。开拓国际市场除了需具备足够的法律、技术等知识，一定意义上的外汇、人员便利也必不可少。本条从两个方面明确了政府支持中小企业开拓国际市场的职责。一方面，县级以上人民政府有关部门应当提供用汇便利，支持中小企业到境外投资。其中，前者涉及经常性项目，为我国外汇管制中较为自由开放的项目；后者则受管制较多，本条明确政府应对此提供支持，因而中小企业到境外投资会受到相应优待。另一方面，政府有关部门应提供人员出入境的便利，通过具体落实人员出入境的各类手续减负，更加便利中小企业的对外交流和开拓国际市场。

第四十三条 国家建立健全社会化的中小企业公共服务体系，为中小企业提供服务。

‖‖ 法条解读 ‖‖

本条为中小企业公共服务体系的规定。2017 年修订后的《中小企业促进法》明确了中小企业公共服务体系的社会化属性，以与当前的公共服务体系相适应。中小企业公共服务体系为政府机构以外向中小企业提供服务的各类机构的总和。相较于大型企业，中小企业更容易受到市场波动影响，因而需要在人才、技术、科研、管理等方面与各类服务机构进行合作并接受其指导与培训。本条明确了建立社会化中小企业公共服务体系的国家职责。为此，国务院出台了一系列的政策文件，旨在落实公共服务体系的建设，例如《国务院关于大力推进大众创业万众创新若干政策措施的意见》《国务院关于进一步支持小型微型企业健康发展的意见》。

▌▌典型案例▌▌

成都100条举措促进企业高质量发展

《成都市持续优化营商环境促进企业高质量发展若干举措》（以下简称《举措》）已于2024年正式出台，开启营商环境6.0版政策体系建设。此次制定的《举措》对照世界银行营商环境新评价体系，突出新价值导向，包括12个部分，共100条。对照世界银行营商环境新评价体系，成都6.0版政策立足法律监管框架、公共服务和监管服务效率三个维度，突出数字赋能、可持续发展、公平竞争等新价值导向。在促进民营经济发展壮大方面，紧扣优化发展环境、政策支持、法治保障等方面重点要求，实施信用报告替代无违法违规证明，加快中小企业数字化转型，开展企业合规试点等。针对"12345"热线中企业反映较多的"同一地址原许可证有效期内未注销导致不能新办同类许可"的堵点问题，成都市青白江区率先推广实施"一址一证"同业准入承诺制，有效破解同行业"前证不注销、后证难办理"的问题，此项改革也被纳入6.0版政策，在成都全市推广实施。针对行业协会反映较多的部分企业信用记录受损等问题，在前期5.0版政策加快信用修复便利化相关举措基础上，此次6.0版政策提出以经营主体专用信用报告替代企业无违法违规记录证明，实现企业在线一键申请"零跑路"。

案例解读

作为取消各类限制、便利化行政流程的典型案例，成都市出台的这一系列举措，有利于降低企业办理各类行政事务的成本，大大提高行政效率，切实贴合中小企业切身利益，可作为各级政府借鉴的典范。

▌▌习近平法治思想指引▌▌

中小企业联系千家万户，是推动创新、促进就业、改善民生的重要力量。希望专精特新中小企业聚焦主业，精耕细作，在提升产业链供应链稳定性、推动经济社会发展中发挥更加重要的作用。各级党委和政府要坚决贯彻落实党中央决策部署，为中小企业发展营造良好环境，加大对中小企业支持力度，坚定企业发展信心，着力在推动企业创新上下功夫，加强产权保护，激发涌现更多专精特新中小企业。

——习近平 2022 年 9 月 8 日致 2022 全国专精特新中小企业发展大会的贺信

第四十四条　县级以上地方各级人民政府应当根据实际需要建立和完善中小企业公共服务机构，为中小企业提供公益性服务。

▌▌法条解读▌▌

本条明确中小企业公共服务机构建设完善的各级政府职责。中小企业公共服务机构能够向政府有关部门反映中小企业情况、配合落实扶持政策、维护中小企业合法权益、为中小企业提供全面服务等，政府扶持中小企业公共服务机构的建立和完善也是国际上的通行做法。上一条明确了建立和完善中小企业公共服务体系的国家职责，本条将该职责具体落实到县级以上地方各级人民政府，通过政府管理等方式将这一政策落实到位。

第四十五条　县级以上人民政府负责中小企业促进工作综合管理的部门应当建立跨部门的政策信息互联网发布平台，及时汇集涉及中小企业的法律法规、创业、创新、金融、市场、权益保护等各类政府服务信息，为中小企业提供便捷无偿服务。

▌▌法条解读▌▌

本条规定县级以上人民政府建立跨部门政策信息互联网发布平台的职责。依照本条规定，县级以上人民政府负责中小企业促进工作综合管理的部门应当建立跨部门的政策信息互联网发布平台，这一规定较之于要求各个部门各司其职、各自发布相关信息的规定而言，对部门职责的规定更加明确，跨部门的综合信息平台的建立也能降低中小企业的信息搜集成本。在具体内容上，本条明确互联网平台发布的信息包括各类法律法规、创业、创新、金融、市场、权益保护等各类政府服务信息。同时，本条尤其明确，要为中小企业提供便捷的无偿服务。

第四十七条 县级以上人民政府负责中小企业促进工作综合管理的部门应当安排资金，有计划地组织实施中小企业经营管理人员培训。

‖ 法条解读 ‖

本条规定政府要预留资金组织培训。一方面，县级以上人民政府应当根据实际情况建立中小企业促进工作的协调机制、培训机制。当前国家对中小企业开展了一系列培训工程，如银河培训工程，各级人民政府也应当及时跟进，安排资金，为中小企业组织培训。另一方面，培训的主要对象为中小企业经营管理人员。中小企业对外经营虽然以企业为名义，但实际经营仍然要依赖各类经营管理人员，将培训对象集中于经营管理人员，既能够提高其经营管理水平，又能够实现有效合规。

4. 领导干部应当着重保护中小企业发展权益

第五十条 国家保护中小企业及其出资人的财产权和其他合法权益。任何单位和个人不得侵犯中小企业财产及其合法收益。

‖ 法条解读 ‖

本条为中小企业合法权益保护的规定。一方面，受保护的主体为中小企业及其出资人。通常情况下，保护中小企业最为直接的受益对象为其出资人。相较于大型企业，中小企业扁平化管理现象较为突出，出资人既是公司股东、控制人，往往也是公司的实际经营人，因此，保护出资人利益就是保护其对公司的控制和经营利益。另一方面，2017年《中小企业促进法》修订将对中小企业及其出资人的保护范围从"合法投资，及因投资取得的合法收益"扩大到包括财产权在内的一切合法权益，这既是我国产权保护立法和实践进步的现实表现，也是《中小企业促进法》实施的要求。

第五十一条　县级以上人民政府负责中小企业促进工作综合管理的部门应当建立专门渠道，听取中小企业对政府相关管理工作的意见和建议，并及时向有关部门反馈，督促改进。

县级以上地方各级人民政府有关部门和有关行业组织应当公布联系方式，受理中小企业的投诉、举报，并在规定的时间内予以调查、处理。

‖ 法条解读 ‖

本条为听取中小企业意见、建议和受理中小企业投诉、举报的规定。公共政策的实施需要考量多种因素，听取各方意见不断矫正实施手段亦是其中的重要环节。开放中小企业意见反馈通道，既能够使公共政策的制定与实施调整反映现实，也能够切实地解决中小企业面临的问题。因此，本条明确规定，一方面，县级以上人民政府负责中小企业促进工作综合管理的部门应当建立专门的渠道，听取中小企业的意见和建议；另一方面，县级以上各级地方人民政府有关部门及行业组织应当公布投诉、举报通道，并按时保质处理。

第五十五条　国家建立和实施涉企行政事业性收费目录清单制度，收费目录清单及其实施情况向社会公开，接受社会监督。

任何单位不得对中小企业执行目录清单之外的行政事业性收费，不得对中小企业擅自提高收费标准、扩大收费范围；严禁以各种方式强制中小企业赞助捐赠、订购报刊、加入社团、接受指定服务；严禁行业组织依靠代行政府职能或者利用行政资源擅自设立收费项目、提高收费标准。

‖ 法条解读 ‖

本条为涉企行政事业性收费实行目录清单制度等的规定。目录清单制度类似白名单规则，一方面，通过向社会公众发布目录清单，可以让社会公众一目了然地明白哪些行为需要缴费，进而降低信息搜集成本；另一方面，其有助于建立有效的社会监督，使社会公众能够及时发现目录外的乱收费现象，监督政府的行政行为。对此，本条明确建立目录清单制度，并且明确严禁各类变相收费行为，如擅自提高收费标准、扩大收费范围，强制捐赠、订购报刊、接受指定服务，擅自设立收费项目、提高收费标准等。

第五十六条　县级以上地方各级人民政府有关部门对中小企业实施监督检查应当依法进行，建立随机抽查机制。同一部门对中小企业实施的多项监督检查能够合并进行的，应当合并进行；不同部门对中小企业实施的多项监督检查能够合并完成的，由本级人民政府组织有关部门实施合并或者联合检查。

▓▏ 法条解读 ▏▓

本条为对中小企业的监督检查规定。中小企业的经营活动会涉及多个政府部门的管理，包括市监、税务、质检、海关等部门，为最大限度减少对中小企业经营管理的影响，各地探索建立了随机抽查监管规则，把企业和监管部门人员放在同一平台上，通过随机摇号，按照一定比例对企业进行抽检，这既能够给企业施加一定压力，又能够起到减少监管寻租机会的作用。2015年国务院印发《关于推广随机抽查规范事中事后监管的通知》，提出制定随机抽查事项清单、建立"双随机"抽查机制以及合理确定随机抽查的比例和频次。本条再次明确，要依法建立随机抽查机制，并且为了减少抽查对企业正常生产经营的影响，应当尽量实施合并或联合检查。

第五十七条　县级以上人民政府定期组织对中小企业促进工作情况的监督检查；对违反本法的行为及时予以纠正，并对直接负责的主管人员和其他直接责任人员依法给予处分。

▓▏ 法条解读 ▏▓

本条规定对中小企业促进工作情况进行监督检查。《中小企业促进法》从财税支持、融资促进、创业扶持、创新支持、市场开拓、服务措施、权益保护等方面对中小企业的发展促进作出了全面规定，而这些要求的落实依赖于各级政府有关部门的积极履职，因此，本条明确，县级以上人民政府应当定期组织监督检查，对于违反本法的行为及时予以纠正，并追究法律责任。

▌ 典型案例 ▌

湖南科技厅多名官员涉贪腐大案：黑手伸向科技专项资金

2010年，时任湖南省火炬创业中心主任（正处级）的聂某喜，开始利用虚假"科技项目"骗取国家专项补助资金。其通过熟人设立公司申报科技补助，利用手中的权力，违规将一些不完全符合申报条件的项目，推荐到国家创新基金管理中心，并利用私人关系使其获得关照。最终，其熟人设立的公司获得中央财政补助科技型中小企业公共技术创新基金的无偿补助50万元。此后，其又以解决工作经费为名，伙同某大学部门主任申报科技发展计划项目，获得税后的资金余额。至其被抓获之前，聂某喜先后又通过各类项目、公司虚假申报项目的形式，获得大量国家资金。2015年6月5日，长沙市岳麓区人民检察院指控聂某喜犯贪污罪、受贿罪、私分国有资产罪、滥用职权罪。长沙市岳麓区人民法院一审认定：聂某喜利用职务之便，以骗取的手段非法占用公共财产，数额巨大，构成贪污罪；利用职务之便，及本人职权形成的便利条件，通过其他国家工作人员职务上的行为，为他人谋取利益，非法收受财物，构成受贿罪；湖南省火炬创业中心违反国家规定以单位名义将国有资产集体私分给个人，数额巨大，聂某喜作为直接负责的主管人员，构成私分国有资产罪；聂某喜故意违反规定行使职权，致使公共财产、公司企业财产遭受重大损失，其行为构成滥用职权罪，且情节特别严重。遂判处有期徒刑10年，并处罚金40万元，追缴违法所得171.2万元。

案例解读

本案为套取中小企业各类扶助资金获刑的典型案例。在中小企业发展促进中，国家相继出台多项政策支持各类资金、技术进入、服务中小企业，而这些资金量较大的项目中往往也容易滋生腐败。各级领导干部应引以为戒，在做好本职工作的同时，廉洁奉公，守住底线。

▌ 习近平法治思想指引 ▌

各级党委和政府要关心和爱护广大劳动群众，切实把党和国家相关政策措施落实到位，不断推进相关领域改革创新，坚决扫除制约广大劳动群众就业创业的体制机制和政策障碍，不断完善就业创业扶持政策、降低就业创业成本，支持广大劳动群众积极就业、大胆创业。

——习近平 2016 年 4 月 26 日在知识分子、劳动模范、青年代表座谈会上的讲话

《中华人民共和国外商投资法》

重点条文解读

导　学

　　党的十八大以来，以习近平同志为核心的党中央在扩大对外开放、促进外商投资方面作出了一系列重要决策部署。2019 年 3 月 15 日，第十三届全国人民代表大会第二次会议通过《中华人民共和国外商投资法》（以下简称《外商投资法》），该法自 2020 年 1 月 1 日起施行。至此，已实施近 40 年的"外资三法"（1979 年颁布实施的《中外合资经营企业法》、1986 年出台的《外资企业法》以及 1988 年出台的《中外合作经营企业法》）同时废止，这些法律及有关行政法规确定的对外商投资企业设立等实行审批、备案管理的制度不再实行。《外商投资法》确立了我国新型外商投资法律制度的基本框架，确定了我国对外开放、促进外商投资的基本国策和大政方针，系统全面地体现了内外一致、平等保护的立法理念，为完善利用外资新体制奠定了法律基础。它是我国外商投资领域新的基础性法律，是对我国外商投资法律制度的完善和创新。通过学习《外商投资法》，将对我国外商投资的准入、促进、保护、管理等规定有系统全面的认识，对于进一步优化营商环境、促进经济高质量发展具有十分重要的意义。

1. 领导干部应明确《外商投资法》适用范围及基本原则

第二条第一、二款 在中华人民共和国境内（以下简称中国境内）的外商投资，适用本法。

本法所称外商投资，是指外国的自然人、企业或者其他组织（以下称外国投资者）直接或者间接在中国境内进行的投资活动，包括下列情形：

（一）外国投资者单独或者与其他投资者共同在中国境内设立外商投资企业；

（二）外国投资者取得中国境内企业的股份、股权、财产份额或者其他类似权益；

（三）外国投资者单独或者与其他投资者共同在中国境内投资新建项目；

（四）法律、行政法规或者国务院规定的其他方式的投资。

⫶ 法条解读 ⫶

本条为法律适用范围，规定了外商投资的定义和情形，明确了直接投资和间接投资两种投资形式，完善了外商投资形式和范围。其包含四个要点：一是投资行为必须在中国境内。二是必须是投资行为。投资是以营利为目的的行为。三是明确了行为的主体为外国投资者，即外国的自然人、企业或者其他组织。四是阐释了外商投资的四种基本类型。值得注意的是，《外商投资法》首次明确外商间接投资活动属于《外商投资法》的适用范围。相比于过去的"外资三法"，《外商投资法》的适用范围进一步完善，填补了全部投资活动类型的空白。《外商投资法》废止了沿用数十年的外商独资企业、中外合资经营企业、中外合作经营企业三种外商投资企业类型的名称，统一称为外商投资企业。同时，外商投资企业类型与公司法保持一致，在营业执照上取消了"中外合资""中外合作""外商合资"的备注，调整为"外商投资""外商投资、非独资"等备注。香港特别行政区、澳门特别行政区和台湾地区投资者虽然不属于外国投资者，但《中华人民共和国外商投资法实施条例》（以下简称《外商投资法实施条例》）规定，香港特别行政区、港门特别行政区投资者在内地投资，参照《外商投资法》和本条例执行；台湾地区投资者在大陆投资，适用《中华人民共和国台湾同胞投资保护法》及其实施细则的规定，对于上述法律法规未规定的事项，亦参照《外商投资法》和本条例执行。至此，境外投资者在中国境内进行的各类投资活动，基本统一适用《外商投资法》，由此实现了对外商投资的全口径统一管理。

║ 典型案例 ║

美国公民卡森与我国公民张某、程某签订股份协议书，约定以张某、程某名义在我国境内成立纽鑫达公司。卡森诉请确认张某名下部分公司股权系其所有，要求纽鑫达公司配合将该部分股权变更登记到卡森名下。双方争议的焦点在于原告要求办理股权变更登记是否存在法律或政策上的障碍。依据《外商投资法》，最终原告的相关诉求得到了法院支持。

案例解读

这是非常典型的外商投资企业界定案例。按照三人签订协议时我国法律的规定，外国自然人不能与国内自然人成立合资公司，而《外商投资法》实施后，对外资实施准入前国民待遇加负面清单管理制度，同时放开了国内自然人与外国投资者共同成立外商投资企业的限制。上述变化对外籍隐名股东要求显名的司法审查标准产生了重大影响，即其应符合以下三项条件：（1）实际投资者已实际投资；（2）名义股东以外的其他股东半数以上同意；（3）对外商投资负面清单内的限制类领域，人民法院及当事人在诉讼期间将实际投资者变更为股东，应征得外商投资企业主管机关的同意；对负面清单外的准入类领域，无须再征得外商投资企业主管机关的同意。因此法院在案件审理过程中，根据《外商投资法》关于外资市场准入的规定，及时调整相应审查标准，依法保护外国投资者权益，有利于打造法治化营商环境。

║ 习近平法治思想指引 ║

更大力度吸引和利用外资。要推进高水平对外开放，提升贸易投资合作质量和水平。要扩大市场准入，加大现代服务业领域开放力度。要落实好外资企业国民待遇，保障外资企业依法平等参与政府采购招投标、标准制定，加大知识产权和外商投资合法权益的保护力度。要积极推动加入全面与进步跨太平洋伙伴关系协定和数字经济伙伴关系协定等高标准经贸协议，主动对照相关规则、规制、管理、标准，深化国内相关领域改革。要为外商来华从事贸易投资洽谈提供最大程度的便利，推动外资标志性项目落地建设。

——习近平2022年12月15日至16日在中央经济工作会议上的讲话

> **第四条第一款** 国家对外商投资实行准入前国民待遇加负面清单管理制度。
>
> **第七条第一款** 国务院商务主管部门、投资主管部门按照职责分工，开展外商投资促进、保护和管理工作；国务院其他有关部门在各自职责范围内，负责外商投资促进、保护和管理的相关工作。

▌ 法条解读 ▌

第4条明确了外商投资的管理制度。该条所称"准入前国民待遇"，是指在投资准入阶段给予外国投资者及其投资不低于本国投资者及其投资的待遇。"负面清单管理制度"体现了"法无禁止即可为"，即通过负面清单的形式规定外商投资的限制领域和禁止领域：对于禁止投资的领域，外国投资者不得投资；对于限制投资的领域，外国投资者进行投资时应当符合负面清单规定的条件；在负面清单以外的领域，按照内外资一致原则实施管理，对外商投资者不附加额外的投资限制。简言之，国家对负面清单之内的外商投资，按负面清单管理，即国家发展改革委、商务部发布的自贸区版、海南自贸港版及全国版负面清单；对负面清单之外的外商投资，给予国民待遇，与境内投资者共同适用国家发展改革委、商务部发布的《市场准入负面清单》（见图1）。《产业结构调整指导目录》与《政府核准的投资项目目录》均纳入《市场准入负面清单》，但不包含《政府核准的投资项目目录》中针对外商投资项目实行核准制的项目。

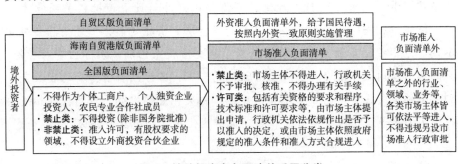

图1 境外投资者负面清单适用分类

第 7 条明确了国家机关对外商投资促进、保护和管理工作的责任分管，各地均由商务主管部门、投资主管部门按照职责分工牵头开展；其他有关部门依据职能职责，落实好《外商投资法》，分别负责各自领域外商投资促进、保护和管理的相关工作。2020 年 1 月 1 日《外商投资法》及其实施条例施行时，"外资三法"及其实施细则、《中外合资经营企业合营期限暂行规定》同时废止，标志着改革开放以来我国对外商投资企业设立及变更实行的审批、备案管理制度的中止。这是落实《外商投资法》确立的准入前国民待遇加负面清单管理制度，对外商投资管理制度所作的重大改革，进一步简化了外商投资企业设立程序，为外商投资营造了更为便利的环境。

▌▌▌ 典型案例 ▌▌▌

2013 年，金鼎公司（台港澳与境内合资）召开股东会，对实际股东及股权进行确认，由境内股东依照比例分别转让给境外实际股东。因一直未办理股权变更登记，境外股东提起诉讼，要求及时进行股权变更登记。双方主要争议为股权变更是否需报经审批机关批准后方才生效。法院依《外商投资法》判定股权转让协议有效。

案例解读

本案争议焦点在于外商投资企业的股权变更是否需要征得主管机关批准同意。本案参照适用《外商投资法》有关"准入前国民待遇加负面清单管理"的规定，以及有关对负面清单以外的领域"按照内外资一致的原则实施管理"的规定，明确以下规则：虽然相关投资行为发生在《外商投资法》实施之前，但是外商投资企业不属于"负面清单"管理范围的，依照"给予国民待遇"和"内外资一致"原则，不需要征得外商投资审批机关同意才生效。该案中相关约定虽然形成于《外商投资法》实施之前，但是金鼎公司并不属于外商投资负面清单的管理范围。在全体股东已确认实际出资人身份，且约定由境内股东配合办理变更登记的情形下，各方应当将持有的股权变更到相应的境外投资者名下。本案对于国家机关相关部门统一外商投资相关法律适用、平等保护投资者合法权益、促进优化投资环境具有积极作用。

▓ 习近平法治思想指引 ▓

要加强统一领导，做好统筹协调和落实工作。各地区各部门要把思想和行动统一到党中央关于扩大对外开放的决策部署上来，落实扩大开放各项措施。要更好发挥地方在扩大开放方面的积极作用，发挥好自由贸易试验区对外开放先行一步的改革创新作用。

——习近平 2017 年 7 月 17 日在中央财经领导小组第十六次会议上的

讲话

2. 领导干部应把握外商投资促进相关规定

第十一条 国家建立健全外商投资服务体系，为外国投资者和外商投资企业提供法律法规、政策措施、投资项目信息等方面的咨询和服务。

▓ 法条解读 ▓

本条明确国家建立外商投资服务体系的义务。《外商投资法》相对于"外资三法"的重大变化主要体现在外商投资管理模式发生根本性改革，即从以往传统的以行政管理为主转变为以促进、保护、服务外商投资为主的投资管理制度。《外商投资法》是我国首个对投资促进进行规定的基本法，其不但明确了外商在中国境内的合法权益，明确了对外商投资的促进、保护、管理制度，对外商一直关切的知识产权等权益保护方面，提出了建立健全全流程服务体系，加强保护力度和措施；还注重严格规范政府行为，转变政府职能，建立政府和企业的沟通机制，提出了"简化办事程序，提高办事效率，优化政务服务"的"放管服"要求，以优化政府服务促进外商投资，推动扩大对外开放。

▓ 典型案例 ▓

重庆着力优化外商投资企业全流程服务体系，打造外企服务"全""准""快"三大亮点。一是构建多层次沟通联络机制，实现外企服务"全"。夯实领导定点联系外商投资企业（项目）机制、外资专班联络员服务制度、优化外商投资企业"行政服务管家"机制。二是丰富活动平台载体及形式，外资企业沟通服务"准"。精准搭建活动交流平台，分类精准建立重点外资企业白名单，精准前瞻性服务。三是强化问题解决闭环管理机制，外资企业建议诉求解决"快"。多形式机制化召开外资企业圆桌会。建立数字化平台沟通机制，实现问题诉求"一键即达"，市区两级外资企业投诉协调机制妥善处置，办理各类企业咨询、求助、建议、问题协调等诉求312件，办结率达100%。

案例解读

制定《外商投资法》的目的是进一步扩大对外开放，积极促进外商投资，保护外商投资合法权益，推动形成全面开放新格局，促进社会主义市场经济健康发展。主要亮点是确立了外商投资促进制度，主要体现在以下五个方面：确立了准入前国民待遇和负面清单制度，提高外商投资政策的透明度，保障外商投资企业平等参与市场竞争，加强外商投资服务，依法依规鼓励和引导外商投资。除《外商投资法》第11条规定以外，在《外商投资法实施条例》第9条进一步明确政府及其有关部门应当通过政府网站、全国一体化在线政务服务平台集中列明有关外商投资的法律、法规、规章、规范性文件、政策措施和投资项目信息，并通过多种途径和方式加强宣传、解读，为外国投资者和外商投资企业提供咨询、指导等服务。

▌▌ 习近平法治思想指引 ▌▌

要坚持统筹推进国内法治和涉外法治。要加快涉外法治工作战略布局，协调推进国内治理和国际治理，更好维护国家主权、安全、发展利益。要强化法治思维，运用法治方式，有效应对挑战、防范风险综合利用立法、执法、司法等手段开展斗争，坚决维护国家主权、尊严和核心利益。要推动全球治理变革，推动构建人类命运共同体。

——习近平 2020 年 11 月 16 日至 17 日在中央全面依法治国工作会议上的讲话

第十四条　国家根据国民经济和社会发展需要，鼓励和引导外国投资者在特定行业、领域、地区投资。外国投资者、外商投资企业可以依照法律、行政法规或者国务院的规定享受优惠待遇。

▌ 法条解读 ▌

本条明确外商投资企业依法享受优惠待遇的范围。需要注意的是，本条规定国家可以鼓励和引导外国投资者开展投资，这意味着对于外商投资企业的鼓励政策可以不同于或高于内资企业。我国制定了《鼓励外商投资产业目录》并定期更新，其是重要的外商投资促进政策和外商投资区域引导政策，有利于进一步扩大鼓励外商投资范围，引导外资投向，助力产业转型升级、区域协调发展，推动高质量发展。最新的鼓励外商投资产业目录主要包括两部分：一是全国鼓励外商投资产业目录，适用于全国；二是中西部地区外商投资优势产业目录，适用于中西部地区、东北地区以及海南省。在《鼓励外商投资产业目录》内的行业领域，主要可以享受三项优惠政策：一是在投资总额内进口自用设备，除国家规定不予免税的商品外，免征关税；二是对于集约用地的鼓励类工业项目，可优先供应土地，并且可以按不低于所在地等级相对应全国工业用地出让最低价标准的 70% 确定土地出让底价；三是对地符合条件的在西部地区和海南省鼓励类产业的外商投资企业，还可进一步减按 15% 税率缴纳企业所得税。

▌ 典型案例 ▌

案例一：国务院办公厅转发商务部、科技部《关于进一步鼓励外商投资设立研发中心的若干措施》，从支持开展科技创新、提高研发便利度、鼓励引进海外人才和提升知识产权保护水平四个方面提出了 16 条政策措施，进一步鼓励外资研发中心的发展。

案例二：经国务院同意，国家发展改革委、商务部全文发布《鼓励外商投资产业目录（2022 年版）》（以下简称《鼓励目录》）。修订出台新版《鼓励目录》，是贯彻落实党中央、国务院决策部署，进一步稳外资的重要举措。《鼓励目录》包括"全国鼓励外商投资产业目录"（以下简称"全国目录"）和"中西部地区外商投资优势产业目录"（以下简称"中西部目录"）：全国目录在增加条目数量、优化目录结构的基础上，聚焦制造业高质量发展，加快促进技术迭代升级；中西部目录在因地制宜、统筹考虑各地方资源禀赋和产业条件的基础上，新增或扩展了有关条目，进一步优化外资区域布局。

案例解读

外资研发中心作为全球创新资源配置的优势平台，已经成为我国国家开放创新体系的重要组成部分，对我国经济社会发展发挥了重要作用。进一步鼓励外资企业设立研发中心，既是我国依托产业集群汇聚全球科技创新资源、建立科技竞争优势的重要举措，也是我国鼓励外资经济在华发展繁荣，坚定走对外开放战略的重要体现。随着全球经济不确定性增强，大量外资企业将生产与研发进行同步转移，并更加接近市场。我国应积极利用超大规模市场优势，鼓励外资企业依托市场开展研发，增强外资企业在华研发黏性，做到"与中国一起创新"。促进外资研发中心的发展，要基于我国现行的创新体系，与创新链、产业链、资金链、人才链深度融合。

《鼓励目录》在保持已有鼓励政策基本稳定的基础上，按照"总量增加、结构优化"原则进一步扩大鼓励外商投资范围。主要有以下三方面变化：一是持续鼓励外资投向先进制造业。新增或修改林业生物质能源新技术、新产品开发、生产及应用，医药制造业相关耗材开发、生产，高新技术有色金属材料及其产品生产，高性能光刻胶开发、生产，辉光放电质谱仪开发、生产等条目。二是持续引导外资投向现代服务业。将提升服务业发展质量、促进服务业和制造业融合发展作为修订重点。新增或修改低碳环保绿色节能节水的先进系统集成技术及服务、专业设计服务、职业院校、人力资源服务、清洁生产评价认证与审核等条目。三是持续引导外资投向中西部和东北地区优势产业。中西部和东北地区具有独特的资源禀赋和产业优势，2022年版《鼓励目录》大幅增加了中西部目录条目。

▌▌▌ 习近平法治思想指引 ▌▌▌

我们提出建设开放型经济新体制，一个重要目的就是通过开放促进我们自身加快制度建设、法规建设，改善营商环境和创新环境，降低市场运行成本，提高运行效率，提升国际竞争力。外商投资推动了资源合理配置，促进了市场化改革，对我国经济发展发挥了重要作用。推进供给侧结构性改革，实现经济向更高形态发展，跟上全球科技进步步伐，都要继续利用好外资。要加快放开育幼养老、建筑设计、会计审计、商贸物流、电子商务，以及一般制造业和服务业等竞争性领域对外资准入限制和股比限制。要尽快在全国推行自由贸易试验区试行过的外商投资负面清单。

——习近平 2017 年 7 月 17 日在主持召开中央财经领导小组第十六次会

议时的讲话

第十六条　国家保障外商投资企业依法通过公平竞争参与政府采购活动。政府采购依法对外商投资企业在中国境内生产的产品、提供的服务平等对待。

▌▌▌ 法条解读 ▌▌▌

本条为外商投资企业公平参与政府采购提供了法律依据。政府采购是公共资源配置的重要方式，也是宏观经济调控的重要手段。2017 年 1 月国务院发布《关于扩大对外开放积极利用外资若干措施的通知》，将进一步创造公平竞争环境作为政策重点，提出促进外资企业公平参与政府采购招投标活动。本次立法将其上升到法律层面，更大力度保护外商投资者的合法权益，促进外商投资发展。此条规定要求持续优化政府采购领域外商投资环境，努力消除政府采购中的各类不合理限制和壁垒，依法保障内外资企业平等参与政府采购活动，以基本法的形式回应了长期以来外商投资企业公平参与政府采购的诉求。在《外商投资法实施条例》中明确了相关具体内容：政府及其有关部门不得阻挠和限制外商投资企业自由进入本地区和本行业的政府采购市场，政府采购的采购人、采购代理机构不得在政府采购信息发布、供应商条件确定和资格审查、评标标准等方面，对外商投资企业实行差别待遇或者歧视待遇。

▌▌▌ 典型案例 ▌▌▌

我国四方面发力推动《外商投资法》实施

一是开展法律宣传。国务院有关部门举办外资企业、外国商协会政策说明会、座谈会等交流活动，地方商务主管部门、投资促进机构组织开展培训。各地创新方式方法为外国投资者和外商投资企业提供法律咨询和法务培训等服务。商务部联合中国政府网对 3 130 家外资企业调查显示，近九成企业认为《外商投资法》落实较好，投资环境得到优化，法律实施后对中国市场的预期和信心均有提升。

二是完善配套制度建设。推动各地区各部门修订或废止与《外商投资法》不相符的法规、规章和规范性文件，取消了一系列涉及外资企业设立和变更事项审批的规定；国务院制定出台了《外商投资法实施条例》，有关部门出台《外商投资企业投诉工作办法》《外商投资信息报告办法》《外商投资安全审查办法》《资本项目外汇业务指引》等多部配套规章和规范性文件；做好相关司法解释和审判工作；出台了地方性法规和文件。

三是建立健全工作机制。国务院组建外贸外资协调机制重点外资项目工作专班，发布《中国外商投资指引》，出台保障外资企业公平参与政府采购制度，鼓励和支持外资企业平等参与国家标准、行业标准、地方标准的制定工作；支持外资企业通过资本市场直接融资；针对疫情对产业链供应链造成的冲击，对集成电路、汽车、高端装备等领域外商投资企业平等给予政策帮扶。

四是优化外商投资环境。2021 年全国版和自由贸易试验区版的外商投资准入特别管理措施（负面清单）已分别减至 31 条、27 条，自由贸易试验区版制造业条目清零；放开金融领域外资准入限制，实现了负面清单全国版和自由贸易试验区版金融业条目清零。推出鼓励外商投资产业目录，引导外资更多投向制造业、生产性服务业和中西部地区。

▌▌▌习近平法治思想指引▌▌▌

要加快统一内外资法律法规，制定新的外资基础性法律。要清理涉及外资的法律、法规、规章和政策文件，凡是同国家对外开放大方向和大原则不符的法律法规或条款，要限期废止或修订。外资企业准入后按照公司法依法经营，要做到法律上平等、政策上一致，实行国民待遇。北京、上海、广州、深圳等特大城市要率先加大营商环境改革力度。

——习近平 2017 年 7 月 17 日在中央财经领导小组第十六次会议上的

讲话

3.领导干部应把握外商投资保护相关规定

> 第二十条　国家对外国投资者的投资不实行征收。
>
> 在特殊情况下，国家为了公共利益的需要，可以依照法律规定对外国投资者的投资实行征收或者征用。征收、征用应当依照法定程序进行，并及时给予公平、合理的补偿。

‖ 法条解读 ‖

本条明确对外商投资者根本权益的法律保护。政府征收风险是跨国投资的重大风险之一，也是外商投资者的重要关切问题。对此，《外商投资法》通过基本法的形式保障了外商投资者的合法权益。此前《外资企业法》第5条和《中外合资经营企业法》第2条规定国家对外资企业/合营企业不实行国有化和征收；在特殊情况下，根据社会公共利益的需要，对外资企业/合营企业可以依照法律程序实行征收，并给予相应补偿。本条删除了"国有化"这种带有计划经济时代色彩的表述，同时强调"依照法律"征收或征用，"及时"给予"公平、合理"的补偿，从原则上明确了不对外国投资者的投资进行征收，针对特殊情况下的征收、征用，也明确了将给予公平、合理的补偿，有效地从法律保障上坚定了外商投资者的投资信心。

‖ 典型案例 ‖

德国海乐西亚泽公司（以下简称"德国海乐"）全资子公司济南海乐西亚泽食品有限公司（以下简称"济南海乐"）于2001年获批使用国有工业用地，土地使用期限为50年（至2051年7月29日），公司建造了工业厂房等建筑。2014年，为进行改造以提升周边环境和居住条件，济南市人民政府作出征收决定公告，决定征收片区改造项目国有土地上的房屋，补偿按方案执行。该征收行为引发了济南海乐与地方政府的争端。济南海乐先后向当地政府、济南市中级人民法院（以下称"济南中院"）提起行政复议和行政诉讼。2016年，济南市人民政府作出补偿决定，对济南海乐的征收补偿额为人民币32 954 380元。德国海乐认为济南市人民政府确定的征收补偿金额远远不足。2017年3月1日，济南市人民政府告知济南海乐应接收补偿款、腾空房屋，并将向法院申请强制执行。2017 年 5 月 2 日，德国海乐依据 2003 年《中国与德国关于促进和相互保护投资的协定》（中—德 BIT）在国际投资争端解决中心（ICSID）对中华人民共和国提起仲裁请求，而并未按照中国国内法律法规对征收补偿额再次提起行政复议或行政诉讼。德国海乐提起投资仲裁程序后，曾向仲裁庭请求采取临时措施，要求中国政府停止执行征收决定。而与此同时，由于济南市人民政府已经向法院申请强制执行，该案在国内法院同时被审理。2017 年 12 月至 2018 年 1 月，经政府最后通知，涉案房屋最终被拆除，厂房内的设备和库存被移送至其他地点。2018 年 8 月 10 日，ICSID 仲裁庭作出了对临时措施的决定，驳回了德国海乐的请求。

案例解读

"海乐案"涉及地方政府对国有土地上房屋的征收，这在城市建设和发展中较为常见。直接征收在《中华人民共和国宪法》与相关基本法层面均有规定，但是，在国际投资仲裁程序中，除却围绕济南海乐用地与房屋"直接征收"的行为之外，德国海乐同时主张政府行为对济南海乐的运营造成了影响，从而构成了（相当于）对投资者在济南海乐股份的"间接征收"。《外商投资法》第 20 条进一步明确规定，国家对外国投资者的投资不实行征收。只有在特殊情况下，国家为了公共利益的需要，才可以依照法律规定对外国投资者的投资实行征收或者征用。而对涉及的征收、征用，该条明确要求应当依照法定程序进行，并及时给予公平、合理的补偿。

▌▌ 习近平法治思想指引 ▌▌

中国欢迎各种资本在中国合法依规经营，为中国发展发挥积极作用。中国将继续扩大高水平对外开放，稳步拓展规则、管理、标准等制度型开放，落实外资企业国民待遇，推动共建"一带一路"高质量发展。

——习近平 2022 年 1 月 17 日在 2022 年世界经济论坛视频会议的演讲

第二十一条　外国投资者在中国境内的出资、利润、资本收益、资产处置所得、知识产权许可使用费、依法获得的补偿或者赔偿、清算所得等，可以依法以人民币或者外汇自由汇入、汇出。

‖ 法条解读 ‖

本条明确外商投资者的合法资产可以自由流动。企业经营的出资、利润、资本收益等是否能自由地汇出，是外商投资关心的一个核心问题。此条规定从法律上保护了外商投资经常性项目的自由流通，明确了外商可以向境外转出的财产类型，较之"外资三法"增加了"出资""资本收益""依法获得的补偿或者赔偿"，明确列举了"知识产权许可使用费"，并且强调了可以"以人民币或者外汇自由汇入、汇出"，表明我国实施更加开放的外商投资自由化便利化政策和制度。同时，通过法律形式明确了外国投资者资金汇入、汇出的基本权益，有助于提升外国投资者的信心，进一步促进外商投资。

‖ 典型案例 ‖

案例一：国务院印发《关于在有条件的自由贸易试验区和自由贸易港试点对接国际高标准推进制度型开放若干措施的通知》，规定："试点地区应允许真实合规的、与外国投资者投资相关的所有转移可自由汇入、汇出且无迟延。此类转移包括：资本出资；利润、股息、利息、资本收益、特许权使用费、管理费、技术指导费和其他费用；全部或部分出售投资所得、全部或部分清算投资所得；根据包括贷款协议在内的合同所支付的款项；依法获得的补偿或赔偿；因争议解决产生的款项。"

案例二：北京市第十六届人民代表大会常务委员会第六次会议2023年11月22日召开，会议首次审议了《北京市外商投资条例（草案）》。其中第32条规定：资金跨境流动便利。本市按照国家规定，支持真实合规的、与外国投资者相关的资金转移自由汇入、汇出且无迟延。

案例解读

中国正在朝着放宽外资限制，营造更加开放和有利的投资环境的方向发展。平等透明的监管有利于外资金融机构安心经营，外国投资者也会倍感公平和受尊重，这将大大提升中国金融市场的开放度和规范程度。允许真实合规的、与外国投资者投资相关的资金自由汇入、汇出，且无延迟。这一政策将极大地增强外资的活力，吸引更多外资进入中国，提升中国在全球金融市场中的地位和影响力。自由汇兑政策的放开展现出中国进一步扩大金融业开放的决心，有利于金融市场的国际化。

▌ 习近平法治思想指引 ▌

产权保护特别是知识产权保护是塑造良好营商环境的重要方面。要完善知识产权保护相关法律法规，提高知识产权审查质量和审查效率。要加快新兴领域和业态知识产权保护制度建设。要加大知识产权侵权违法行为惩治力度，让侵权者付出沉重代价。要调动拥有知识产权的自然人和法人的积极性和主动性，提升产权意识，自觉运用法律武器依法维权。

——习近平 2017 年 7 月 17 日在中央财经领导小组第十六次会议上的

讲话

扩大金融业对外开放，金融监管能力必须跟得上，在加强监管中不断提高开放水平。要结合我国实际，学习和借鉴国际上成熟的金融监管做法，补齐制度短板，完善资本监管、行为监管、功能监管方式，确保监管能力和对外开放水平相适应。

——习近平 2017 年 7 月 17 日在中央财经领导小组第十六次会议上的

讲话

第二十四条　各级人民政府及其有关部门制定涉及外商投资的规范性文件，应当符合法律法规的规定；没有法律、行政法规依据的，不得减损外商投资企业的合法权益或者增加其义务，不得设置市场准入和退出条件，不得干预外商投资企业的正常生产经营活动。

▌ 法条解读 ▌

本条规范政府对外商投资的管理行为，体现了政府坚持法无授权不可为的原则。为加强对外商投资合法权益的保护，此条规定一方面为中央和地方政府制定外商投资促进政策提供了法律依据，另一方面强化了对制定涉及外商投资规范性文件的约束；主要是对地方政府针对行业发展、企业管理、招商引资等涉及外商投资生产经营制定配套政策提出要求，明确政府制定涉及外商投资规范性文件的合法性、适当性。

▍▍▍ 习近平法治思想指引 ▍▍▍

现在的问题不是要不要对外开放，而是如何提高对外开放的质量和发展的内外联动性。我国对外开放水平总体上还不够高，用好国际国内两个市场、两种资源的能力还不够强，应对国际经贸摩擦、争取国际经济话语权的能力还比较弱，运用国际经贸规则的本领也不够强，需要加快弥补。为此，我们必须坚持对外开放的基本国策，奉行互利共赢的开放战略，深化人文交流，完善对外开放区域布局、对外贸易布局、投资布局，形成对外开放新体制，发展更高层次的开放型经济，以扩大开放带动创新、推动改革、促进发展。

——习近平 2015 年 10 月 29 日在十八届五中全会第二次全体会议上的
讲话

第二十五条　地方各级人民政府及其有关部门应当履行向外国投资者、外商投资企业依法作出的政策承诺以及依法订立的各类合同。

因国家利益、社会公共利益需要改变政策承诺、合同约定的，应当依照法定权限和程序进行，并依法对外国投资者、外商投资企业因此受到的损失予以补偿。

▍▍▍ 法条解读 ▍▍▍

本条规定旨在促使地方政府守约践诺，严格履行政府承诺。即使因国家利益、社会公共利益需要改变政策承诺或者合同约定的，也要对外国投资者的损失给予补偿。该条法律规定有利于促使地方政府信守承诺，保护外商的信赖利益，为外国投资者创建良好的营商环境。《外国投资法实施条例》第27条将"政策承诺"定义为地方各级人民政府及其有关部门在法定权限范围内，就外国投资者、外商投资企业在本地区投资所适用的支持政策、享受的优惠待遇和便利条件等作出的书面承诺。政策承诺包括如下构成要件：（1）地方政府在法定权限内作出；（2）具备书面形式；（3）内容应当符合法律、法规规定。《外国投资法》第28条明确规定，地方各级人民政府及其有关部门不得以行政区划调整、政府换届、机构或者职能调整以及相关责任人更替等为由违约毁约，否则应依法对外国投资者、外商投资企业受到的损失及时予以公平、合理的补偿。

‖ 典型案例 ‖

华科物流公司系一家中外合资企业，投资方包括赛德第一华盛顿电力有限公司、东莞市厚街镇技术开发总公司（以下简称"厚街技术公司"）、香港康顺投资有限公司和东莞市电力发展公司，其中厚街技术总公司为厚街镇政府投资设立的集体所有制企业，其法定代表人为厚街镇政府工作人员。2003年3月，华科物流公司向厚街镇政府提交了一份《关于厚街电厂增资扩产及申请延长用地年限的报告》称：由于企业增资扩产投资大，回报期长，因此申请将电厂土地使用期限延长30年，延长至2050年为此，2003年10月，厚街镇政府与华科物流公司签订了一份《延长土地使用协议书》，公司支付了土地延长使用费108万元。2018年10月16日，镇政府向华科物流公司作出《关于撤销〈延长土地使用协议书〉的通知》，称华科物流公司没有按照约定落实增资扩产项目，项目已经停产，也没有兑现年缴税额达8000万元的承诺，且原电厂用地取得方式为划拨，登记土地使用权人为厚街技术总公司，按照《中华人民共和国土地管理法》规定，厚街镇政府无权对该土地是否划拨给华科物流公司使用及土地使用期限是否延长作出决定，遂决定撤销上述《延长土地使用协议书》，并将办理土地补偿款108万元的退款及相关手续。华科物流公司不服，提起行政诉讼。

案例解读

《外商投资法》2020年1月1日开始实施，并不适用于本案，且该法第25条第1款规定的适用前提是合同合法有效、合同相对人依法履行合同义务，并非在合同无效、合同相对人根本违约的情况下也要继续履行。本案中镇政府无权就登记在厚街技术总公司名下的案涉地块直接进行处分，现厚街技术总公司对前述延长土地使用协议不予追认，即该延长土地使用协议无效。

‖ 习近平法治思想指引 ‖

中国开放的大门不会关上，要坚持全方位对外开放，继续推动贸易和投资自由化便利化。

——习近平2017年3月5日在参加十二届全国人大五次会议上海代表
团审议时的讲话

第二十六条　国家建立外商投资企业投诉工作机制，及时处理外商投资企业或者其投资者反映的问题，协调完善相关政策措施。

外商投资企业或者其投资者认为行政机关及其工作人员的行政行为侵犯其合法权益的，可以通过外商投资企业投诉工作机制申请协调解决。

外商投资企业或者其投资者认为行政机关及其工作人员的行政行为侵犯其合法权益的，除依照前款规定通过外商投资企业投诉工作机制申请协调解决外，还可以依法申请行政复议、提起行政诉讼。

‖ 法条解读 ‖

本条明确国家建立外商投资企业投诉工作机制，为外商投资者提供除行政复议、行政诉讼外的救济方式，加强外商投资企业投诉的协调解决。为及时有效处理外商投资企业投诉，保护外商投资合法权益，持续优化外商投资环境，本条明确外商的投诉权利、投诉范围、渠道和方式，增强全国外商投诉权益保护机构的权威性，为维护外商投资者的合法权益提供法律依据。

‖ 典型案例 ‖

我国外商投资企业投诉机制不断完善。

2020年1月起实施的《外商投资法》及其实施条例明确要求国家建立外商投资企业投诉工作机制，并对相关制度进行了细化规定。2020年8月商务部发布了《外商投资企业投诉工作办法》，于10月1日正式实施。自《外商投资企业投诉工作办法》实施以来，投诉机制不断完善，有效保护了外商企业合法权益。在制度建设上，各省（区、市）都制定了本地区的投诉办法或工作指南。在机构建设上，在商务部投资促进事务局设立了全国外商投资投诉中心，并在地方设立了省、市、县三级外商投资投诉工作机制和机构2 800多个。为便利外国投资者、外资企业有效运用这一机制，商务部每年更新发布《中国外商投资指引》，刊载投诉中心办事指南、投诉工作机构名录、投诉工作基本流程等内容。办事指南、机构名录也在商务部官方网站公开发布。外国投资者和外资企业可以通过投诉机制维护自身的合法权益，反映问题困难，提出政策建议。

▌▌▌ 习近平法治思想指引 ▌▌▌

扩大金融业对外开放是我国对外开放的重要方面。要合理安排开放顺序，对有利于保护消费者权益、有利于增强金融有序竞争、有利于防范金融风险的领域要加快推进。要有序推进资本项目开放，稳步推动人民币国际化，继续完善人民币汇率形成机制，保持人民币汇率在合理均衡水平上的基本稳定。

——习近平 2017 年 7 月 17 日在主持召开中央财经领导小组第十六次会
议时的讲话

4. 领导干部应把握外商投资管理相关规定

> 第二十八条　外商投资准入负面清单规定禁止投资的领域，外国投资者不得投资。
>
> 外商投资准入负面清单规定限制投资的领域，外国投资者进行投资应当符合负面清单规定的条件。
>
> 外商投资准入负面清单以外的领域，按照内外资一致的原则实施管理。

▌▌▌ 法条解读 ▌▌▌

本条明确外国投资者投资领域的管理，是对负面清单制度的具体补充。准入前国民待遇加负面清单管理制度，是外商投资管理制度方面的重大改革，强调在鼓励外商投资的基础上，外资与内资公平对待、同等保护，这是《外商投资法》贯彻始终的基本原则，也是国民待遇原则的进一步体现。同时，《外商投资法》还对违反限制性规定应当承担的法律责任、相关处置作出了明确规定。

▌▌▌ 典型案例 ▌▌▌

原告某杏药业有限公司为外商投资企业，被告海甲、海乙与原告某杏药业有限公司签订"股权转让协议书"，双方约定被告海甲、海乙将其两人分别持有的某峰药业有限公司 20% 及 80% 的股权以及被告某峰药业有限公司的全部资产转让给第三人张某（香港特别行政区居民），2008 年 3 月 17 日至 2015 年 9 月 21 日，某峰药业有限公司营业执照载明的经营范围为中药饮片（含毒性中药材炮制）（净制、切制、炙制、煅制、蒸制、炒制）等，后张某支付价款，被告没有办理某峰药业有限公司的股权变更登记，张某遂提起诉讼。

案例解读

在该案中，认定涉案"股权转让协议书"是否有效应重点审查某峰药业有限公司经营范围是否包括负面清单规定的禁止投资领域。某峰药业有限公司取得的"药品生产许可证"载明生产范围为中药饮片（净制、切制、炒制、炙制、煅制、蒸制）及毒性中药饮片（净制、切制、蒸制）。该等经营范围包含涉案"股权转让协议书"签订时施行的《外商投资产业指导目录（2007 年修订）》中"禁止外商投资产业目录"下第 3 条第 2 款第 2 项所规定的范围；且此后多次修订的《外商投资产业指导目录》及现行的《外商投资准入特别管理措施（负面清单）（2021 年版）》均将中药饮片的蒸、炒、炙、煅等炮制技术的应用列入外商禁止投资范围。案涉"股权转让协议书"签订时，某杏药业有限公司属于港澳台法人独资企业，则其与某峰药业有限公司签订"股权转让协议书"已违反《外商投资法》第 28 条第 1 款"外商投资准入负面清单规定禁止投资的领域，外国投资者不得投资"的规定，故涉案"股权转让协议书"属于《中华人民共和国合同法》第 153 条规定的情形，应属无效。

> **第三十四条** 国家建立外商投资信息报告制度。外国投资者或者外商投资企业应当通过企业登记系统以及企业信用信息公示系统向商务主管部门报送投资信息。
>
> 外商投资信息报告的内容和范围按照确有必要的原则确定；通过部门信息共享能够获得的投资信息，不得再行要求报送。

‖ 法条解读 ‖

本条明确国家建立外商投资信息报告制度，是外商投资审批、备案管理制度废止后的补充制度。与过去的审批、备案管理制度相比，信息报告制度强调对外商投资的事中事后监管，同时坚持"确有必要、严格控制"原则，限制信息报告的范围，以减轻企业负担。此前于 2015 年 5 月，中共中央、国务院发布《关于构建开放型经济新体制的若干意见》，提出加强事中事后监督，建立外商投资信息报告制度和外商投资信息公示平台，《外商投资法》将此制度正式上升到法律层面。外国投资者或者外商投资企业应当通过企业登记系统以及企业信用信息公示系统（网址为 https://www.gsxt.gov.cn/index.html）向商务主管部门报送投资信息。

▍典型案例 ▍

案例一：《外商投资信息报告办法》第 4 条规定："外国投资者或者外商投资企业应当通过企业登记系统以及国家企业信用信息公示系统向商务主管部门报送投资信息。市场监管部门应当及时将外国投资者、外商投资企业报送的上述投资信息推送至商务主管部门。商务部建立外商投资信息报告系统，及时接收、处理市场监管部门推送的投资信息以及部门共享信息等。"

案例二：宁夏阿拉伯迈斯清真食品有限公司（外国自然人独资）在当地市场监管执法检查中被发现未按照相关规定申报 2018 年度、2019 年度企业年报。当地市场监管局遂于 2021 年 4 月 6 日对当事人予以立案调查。经对当事人登记住所、走访所辖工业园区管委会、村委会及周边企业等方式现场核查，查明该当事人"开业后自行停业连续六个月以上"。决定对当事人作如下处理：吊销营业执照。当事人在法定期限内未行使陈述、申辩权，未要求举行听证。

案例解读

《外商投资法》第 34 条规定为《外商投资信息报告办法》的制定依据。外商投资信息报告制度具有以下几个特点：（1）外商投资信息报告具有程序独立性的特点。与之前商务部门的外商投资企业准入审批或者备案程序不同，提交外商投资信息报告并不是办理外商投资企业注册登记的必要条件，也不是外汇登记、固定资产投资项目备案、核准的必备条件。（2）外商投资信息报告具有强制性的特点，是外国投资者和外商投资企业的法定义务。法定主体必须在法定时间内完成规定的报告内容，且必须保证提交的信息真实、准确、完整。商务部门将对报告内容进行监督检查，如发现未报、漏报、错报的，将通知企业进行更正，逾期不改正的，将启动行政处罚流程，处以 10 万元以上 50 万元以下罚款，相关违法信息还将列入信用信息系统。（3）外商投资信息报告具有便利性的特点。虽然商务部门是信息报送的主管部门，但将实现和外商投资企业的登记机关市场监管部门的系统衔接，企业可以通过企业登记系统来提交报告，并且对于一些可以通过政府共享的信息不再重复要求企业申报。

▌▌▌习近平法治思想指引 ▌▌▌

要在稳定出口市场的同时主动扩大进口，促进经常项目收支平衡。要改善贸易自由化便利化条件，切实解决进口环节制度性成本高、检验检疫和通关流程繁琐、企业投诉无门等突出问题。要研究降低有些消费品的关税，鼓励特色优势产品进口。要创造公平竞争的国内市场环境，在关税、进口检验、市场营销等方面创造机会平等的条件，让消费者自主选择，让市场发挥作用。

——习近平 2017 年 7 月 17 日在中央财经领导小组第十六次会议上的
讲话

第三十五条　国家建立外商投资安全审查制度，对影响或者可能影响国家安全的外商投资进行安全审查。

依法作出的安全审查决定为最终决定。

▌▌▌法条解读 ▌▌▌

本条明确国家建立外商投资安全审查制度。2015 年颁布旅行的《国家安全法》第 59 条明确规定，对影响或可能影响国家安全的外商投资以及其他事项进行国家安全审查。本条是对《国家安全法》上述规定的呼应，标志着我国正式确立外商投资国家安全审查制度和程序。通过立法的形式确定国家安全审查制度，提高了国家安全审查制度的可预期性。同时，对于任何国家来讲，主权利益均高于一切。因此，对于涉及国家安全的外商投资，将按照《国家安全法》的规定进行审查。同时，值得注意的是，"安全审查决定为最终决定"，具有不可诉性和复议豁免，具有不可更改的性质。

▌▌▌ 典型案例 ▌▌▌

2019 年，永辉超市拟通过要约收购的方式将其直接和间接合计持有的中百集团的股份比例从 29.86% 提高至最多不超过 40%。永辉超市为上海证券交易所上市公司，也是外商投资上市公司。最终永辉超市收到国家发展改革委的"外商投资安全审查终止通知"，要求永辉超市终止该要约收购。

案例解读

国家发展改革委按规定对本案进行外商投资安全审查。首先，永辉超市要约收购中百集团被视为永辉超市第一大股东牛奶有限公司（香港公司）在中国境内间接进行的投资行为，即外商投资企业境内再投资，属于外商投资。其次，本案属于审查机构责令申报的情形，永辉超市并未意识到本次要约收购涉及外商投资安全审查。在"是否取得其他公司的控制权"的认定方面，属于"外国投资者通过并购成为境内企业的控股股东或实际控制人"。最后，永辉超市在安全审查过程中取消要约收购中百集团，采取不得已的措施，审查机构观点可能倾向于该交易会影响国家安全，并且通过附加条件仍不能消除这种影响。但审查机构并未直接作出最终决定，而是向永辉超市反馈观点，由其主动取消交易、主动申请终止安全审查申请。在将来的外商投资安全审查当中，针对"影响国家安全"或"可能影响国家安全"的外商投资项目，这种做法也可能成为通常做法。

▌▌▌ 习近平法治思想指引 ▌▌▌

国内循环越顺畅，越能形成对全球资源要素的引力场，越有利于构建以国内大循环为主体、国内国际双循环相互促进的新发展格局，越有利于形成参与国际竞争和合作新优势。

——习近平 2020 年 4 月 10 日在中央财经委员会第七次会议上的讲话

推进高水平对外开放，对标高标准贸易和投资通行规则，稳步扩大规则、规制、管理、标准等制度型开放，增强在国际大循环中的话语权……推动共建"一带一路"高质量发展，积极参与国际经贸规则谈判，推动形成开放、多元、稳定的世界经济秩序，为实现国内国际两个市场两种资源联动循环创造条件。

  ——习近平 2023 年 1 月 31 日在二十届中央政治局第二次集体学习时的讲话

  纵观全球，发达国家和新兴经济体都把吸引和利用外资作为重大国策，招商引资国际竞争更加激烈。我们要推进高水平对外开放，依托我国超大规模市场优势，以国内大循环吸引全球资源要素，既要把优质存量外资留下来，还要把更多高质量外资吸引过来，提升贸易投资合作质量和水平。

  ——习近平 2022 年 12 月 15 日在中央经济工作会议上的讲话

《中华人民共和国著作权法》
重点条文解读

导　学

　　著作权法是知识产权法律制度的重要组成部分，是指调整作品创作、传播、利用、管理和保护过程中产生的人身关系和财产关系的法律规范的总称。1990 年 9 月 7 日，第七届全国人民代表大会常务委员会第十五次会议上通过了新中国第一部《著作权法》。该法于 1991 年 6 月 1 日起施行，分 6 章 56 条，规定了著作权的对象、内容及期限、权利的限制、许可使用、邻接权和法律责任。进入 21 世纪，我国的社会经济状况发生了很大变化，为融入世界贸易体系，同《与贸易有关的知识产权协定》（以下简称 TRIPS 协定）所确立的国际知识产权保护规则相接轨，并且适应互联网与计算机应用的发展，我国于 2001 年对《著作权法》进行了修订，并随之通过了《著作权法实施条例》，增加了杂技艺术作品、建筑作品和具有独创性的数据库等保护对象，纳入了出租权、放映权、信息网络传播权等权利内容，缩小了合理使用的范围，规定了对外国人作品的保护，增加了关于技术措施的规定。2010 年，为进一步与《保护文学、艺术作品伯尔尼公约》（以下简称《伯尔尼公约》）和 TRIPS 协定保持一致，我国再次对《著作权法》进行了修改，改变了原有第 4 条"依法禁止出版、传播的作品，不受著作权法保护"的规定，使违禁作品也享有著作权，但其行使著作权受到限制。2011 年 7 月开启《著作权法》第三次修订工作，历经十年，修订草案经多次审议后，最终于 2020 年 11 月 11 日通过，并于 2021 年 6 月 1 日起施行。修改后的《著作权法》共分为 6 章 67 条。本部分的法条解读择要重点解读领导干部在实际工作中的需要关注的问题，包括立法目的、权利取得、权利客体、权利主体、权利内容、保护期限及侵权责任。

　　与 2001 年和 2010 年的两次修改均为国际社会外部压力下的局部、被动调整不同，2020 年《著作权法》的第三次修改是适应国际大变革和我国经济社会文化科技发展自身国情的全面、主动改革。此次修改，对我国坚持习近平法治思想、建设创新型国家和推进文化大发展大繁荣起到了积极的促进作用。

第一条 为保护文学、艺术和科学作品作者的著作权，以及与著作权有关的权益，鼓励有益于社会主义精神文明、物质文明建设的作品的创作和传播，促进社会主义文化和科学事业的发展与繁荣，根据宪法制定本法。

▌ 法条解读 ▌

本条为著作权法的立法目的。《著作权法》的宗旨具有双重性，直接目的是保护作品创作者的著作权及作品传播者的邻接权，根本目的是鼓励作品创作与传播、促进社会主义文化和科学事业的发展、满足人民群众日益增长的精神文化需求。

▌ 习近平法治思想指引 ▌

着眼建设中华民族现代文明，不断构筑中华民族共有精神家园。

实施中华优秀传统文化传承发展工程，研究和挖掘中华传统文化的优秀基因和时代价值，推动中华优秀传统文化创造性转化、创新性发展，繁荣发展社会主义先进文化，构建和运用中华文化特征、中华民族精神、中国国家形象的表达体系；不断增强各族群众的中华文化认同。

——习近平 2023 年 10 月 27 日在二十届中央政治局第九次集体学习时的讲话

第二条第一款 中国公民、法人或者非法人组织的作品，不论是否发表，依照本法享有著作权。

▌ 法条解读 ▌

著作权取得有两大规则，即国籍标准和地域标准。《著作权法》第 2 条第 1 款按照国籍标准，对于具有中国国籍的自然人、法人或者非法人组织的作品，实行自动保护主义，作品一旦创作完成，不论是否发表，著作权即已产生。国籍是连接点，只要具有中国国籍，无论民事主体居住在中国或者外国，其作品都要作为中国国民的作品来保护。对于共同作品而言，只要共同作者中有人具有中国国籍，就适用自动保护原则。

第三条　本法所称的作品，是指文学、艺术和科学领域内具有独创性并能以一定形式表现的智力成果，包括：
（一）文字作品；
（二）口述作品；
（三）音乐、戏剧、曲艺、舞蹈、杂技艺术作品；
（四）美术、建筑作品；
（五）摄影作品；
（六）视听作品；
（七）工程设计图、产品设计图、地图、示意图等图形作品和模型作品；
（八）计算机软件；
（九）符合作品特征的其他智力成果。

▌▌▌法条解读▐▐▐

本条规定了著作权保护对象即作品的概念和种类。

从概念上看，《著作权法》第三次修改首次对作品的概念进行了界定，将《著作权法实施条例》第 2 条中关于作品的定义上升为法律规定，并且将作品条件中的可复制性（"能以某种有形形式复制"）改为可表现性（"能以一定形式表现"），实际上强调了作品只能是外在表达，更加契合思想与表达二分法原则。作品作为作者智力劳动创作的产物，是集思想与表达于一身的有机统一体。但是著作权法只保护其中具有独创性的表达，即思想或情感的表现形式，而不保护作品中所反映的思想或情感本身。

从类型上看，修改后的《著作权法》第 3 条第 6 项将原"电影作品和以类似摄制电影的方法创作的作品"更名为"视听作品"，第 9 项的兜底条款将作品类型法定模式（"法律法规规定的其他作品"）改为作品类型开放模式（"符合作品特征的其他智力成果"），为司法实践中法官个案裁判时针对随新技术发展出现的新型表达形式创设新类型作品提供了法律解释的空间。

> **第五条** 本法不适用于：
>
> （一）法律、法规，国家机关的决议、决定、命令和其他具有立法、行政、司法性质的文件，及其官方正式译文；
>
> （二）单纯事实消息；
>
> （三）历法、通用数表、通用表格和公式。

▌▌ 法条解读 ▌▌

本条规定了不受著作权保护的三类对象。官方文件及其正式译文可能是符合独创性要求的作品，其不受著作权保护的原因在于其涉及社会公众的知情权，应尽可能地鼓励对其予以广泛传播以便于遵守。时事新闻是对事实构成要素，包括时间、地点、人物、事件经过及结果等进行客观说明，表达形式单一，其不受保护的原因在于事实与表达混同，且为了促进事实消息的传播，避免垄断。历法、通用数表、通用表格和公式是人类长期生活过程中对自然规律的认识和总结，其不受保护的原因在于表达形式唯一，发生了思想和表达的混同，且早已进入公有领域，不再是属于任何主体的私有财产。

> **第十一条** 著作权属于作者，本法另有规定的除外。
>
> 创作作品的自然人是作者。
>
> 由法人或者非法人组织主持，代表法人或者非法人组织意志创作，并由法人或者非法人组织承担责任的作品，法人或者非法人组织视为作者。

▌▌ 法条解读 ▌▌

本条规定了著作权归属的一般原则。作者是作品的创作者，是最主要也是最重要的著作权主体。思维是人类特有的活动，只有自然人才是事实作者，因为只有自然人才能运用智慧产生作品这一智力成果。与事实上的自然人作者不同，法人或者非法人组织是法定作者，其作者身份是法律拟制的，以便于其以原始所有者身份行使著作权。法人或者非法人组织必须在同时满足下列三项条件时，才被视为作者：第一，主持创作，即代表法人或者非法人组织的人员负责组织该项创作工作的开展，而不是由员工自发进行；

第二，作品代表、体现法人或者非法人组织的创作思想和意志观点；第三，一旦发生侵权等纠纷，由法人或者非法人组织承担责任，而不是由执笔人负责。

> **第十二条** 在作品上署名的自然人、法人或者非法人组织为作者，且该作品上存在相应权利，但有相反证明的除外。
>
> 作者等著作权人可以向国家著作权主管部门认定的登记机构办理作品登记。
>
> 与著作权有关的权利参照适用前两款规定。

‖ 法条解读 ‖

本条规定了作者的推定原则和作品登记制度。如无相反证据，在作品上署名的人被推定为作者。但该推定可以被相反证据推翻，如有相反证据证明署名的人非为作者或者真正作者未署名的，应当根据证据进行认定。由于我国《著作权法》实行自动取得原则，为便于发生纠纷时权利人提供权属证明，国家版权局还颁布了《作品自愿登记试行办法》，对作品实行自愿登记制度。该登记具有初步证据的作用，但登记并非取得著作权的前提。

‖ 习近平法治思想指引 ‖

知识产权保护工作关系国家治理体系和治理能力现代化，关系高质量发展，关系人民生活幸福，关系国家对外开放大局，关系国家安全。全面建设社会主义现代化国家，必须从国家战略高度和进入新发展阶段要求出发，全面加强知识产权保护工作，促进建设现代化经济体系，激发全社会创新活力，推动构建新发展格局。

——习近平 2020 年 11 月 30 日在十九届中央政治局第二十五次集体学习时的讲话

> **第十三条** 改编、翻译、注释、整理已有作品而产生的作品，其著作权由改编、翻译、注释、整理人享有，但行使著作权时不得侵犯原作品的著作权。

第十六条 使用改编、翻译、注释、整理、汇编已有作品而产生的作品进行出版、演出和制作录音录像制品，应当取得该作品的著作权人和原作品的著作权人许可，并支付报酬。

▌▌▌ 法条解读 ▌▌▌

第 13 条和第 16 条规定了演绎作品的著作权归属。演绎作品是改编、翻译、注释、整理已有作品或者其他材料而产生的具有独创性的新作品，又叫派生作品。演绎作品的著作权，归属于演绎者。被演绎对象如果是受著作权保护的作品，演绎者在创作时，必须征得原作著作权人的许可。他人需要使用演绎作品的，必须经过原作品作者和演绎作品演绎者的双重许可。

▌▌▌ 典型案例 ▌▌▌

2013 年 1 月，湖南卫视播出的《我是歌手》风靡全国。第二期节目中，羽泉组合改编并翻唱了家喻户晓的歌曲《烛光里的妈妈》并获得了当周冠军。比赛结束后，《烛光里的妈妈》词作者李春利向湖南卫视发送律师函，认为该节目未经其许可，擅自对歌词内容进行了多处修改。例如，原来的歌词"不愿牵着您的衣襟走过春秋冬夏"被修改为"好想陪在你的身边，怎能走过春秋冬夏"，感情色彩改变，违背了词作者的原意。由于湖南卫视的广泛影响力，这段 4 分 58 秒的表演被各大视频网站转播。例如，在优酷搜索"羽泉 烛光里的妈妈"，某一段视频在站内播放和站外展示总数就超过 10 万次。2013 年 7 月 9 日，湖南卫视在官方网站发布了一封公开信，向《烛光里的妈妈》词作者李春利致歉。

案例解读

擅自改编、翻唱音乐作品引发的著作权侵权纠纷在电视娱乐节目里屡见不鲜。一些节目制作人和演唱者误认为每年电视台向中国音乐著作权协会（以下简称音著协）打包支付一笔词曲著作权许可使用费就万事大吉了，殊不知该笔费用仅涉及音乐作品的一般性使用，而一旦涉及歌曲的修改、翻唱、出版等，必须获得著作权人的相应授权，否则就构成侵权。歌曲等音乐作品属于智力劳动成果，词曲作者享有著作权，歌曲被商业性使用理应获得相应的报酬。如果歌曲等作品沦为免费午餐，作者权益失去保障，就会极大损害创作者后续创作的热情，从而使整个文化产业陷入源头枯竭、盗版丛生的恶性循环。

> **第十四条** 两人以上合作创作的作品，著作权由合作作者共同享有。没有参加创作的人，不能成为合作作者。
>
> 合作作品的著作权由合作作者通过协商一致行使；不能协商一致，又无正当理由的，任何一方不得阻止他方行使除转让、许可他人专有使用、出质以外的其他权利，但是所得收益应当合理分配给所有合作作者。
>
> 合作作品可以分割使用的，作者对各自创作的部分可以单独享有著作权，但行使著作权时不得侵犯合作作品整体的著作权。

⫼ 法条解读 ⫼

本条规定了合作作品的著作权归属。合作作品是两人或两人以上合作创作的作品。合作作品除作者人数的要求以外，还要求合作作者之间有共同创作作品的意思表示，共同参与了合作作品的实际创作，且对合作作品的独创性作出了贡献。这一条件排除了仅从事提供物质条件等辅助活动的人。合作作品的整体著作权归属由合作作者约定，没有约定的由合作作者共同享有，在行使著作权时区分该合作作品是否可以分割使用。对于可以分割使用的合作作品，例如音乐作品的词、曲作者对各自创作的部分可以单独享有著作权，但行使著作权时，不得侵害合作作品整体的著作权，准用民法上的"按份共有"。对于不能分割的合作作品，例如绘画、雕塑等美术作品，其著作权的行使由合作作者协商一致，不能协商一致又没有正当理由的，任何一方不能阻止他方行使除转让、许可他人专有使用、出质之外的其他权利，但是所得的利益应当合理分配给其他所有合作作者，准用民法上的"共同共有"。无论是可以分割使用的合作作品还是不能分割使用的合作作品，合作作者之一死亡后，其对合作作品享有的财产权利，无人继承又无人受遗赠的，都由其他合作作者享有。

第十七条　视听作品中的电影作品、电视剧作品的著作权由制作者享有，但编剧、导演、摄影、作词、作曲等作者享有署名权，并有权按照与制作者签订的合同获得报酬。

前款规定以外的视听作品的著作权归属由当事人约定；没有约定或者约定不明确的，由制作者享有，但作者享有署名权和获得报酬的权利。

视听作品中的剧本、音乐等可以单独使用的作品的作者有权单独行使其著作权。

‖ 法条解读 ‖

本条规定了视听作品的著作权归属。视听作品著作权的归属和行使分为三种情形：第一，电影作品、电视剧作品的整体著作权由制作者享有，但编剧、导演、摄影、作词、作曲等作者享有署名权，并有权按照与制作者签订的合同获得报酬。制作者是电影作品、电视剧作品的决策者、主持者、投资者和责任承担者，负责组织安排作品的制作和发行，对作品的完成起到决定性作用。编剧、导演、摄影、作词、作曲等具体负责创作的作者都是制作者聘请并签约参与作品制作的。第二，其他视听作品，例如 MV、短视频等的著作权归属由当事人约定，没有约定或约定不明确的，由制作者享有，但作者享有署名权和获得报酬的权利。值得注意的是，实践中其他视听作品与电影作品、电视剧作品的区分可能存在一定争议，区分标准并不明确，比如按照视听作品的长度、是否有情节、制作单位是否具有许可证、播放平台是否为影院或电视台等来区分都存在一定问题。第三，视听作品中的剧本、音乐等可以单独使用的作品的作者有权单独行使其著作权。除明确列举的剧本、音乐以外，视听作品中的动画角色形象在符合美术作品构成要件时，也可以与视听作品整体相分离进行单独使用。

第十八条　自然人为完成法人或者非法人组织工作任务所创作的作品是职务作品，除本条第二款的规定以外，著作权由作者享有，但法人或者非法人组织有权在其业务范围内优先使用。作品完成两年内，未经单位同意，作者不得许可第三人以与单位使用的相同方式使用该作品。

有下列情形之一的职务作品，作者享有署名权，著作权的其他权利由法人或者非法人组织享有，法人或者非法人组织可以给予作者奖励：

（一）主要是利用法人或者非法人组织的物质技术条件创作，并由法人或者非法人组织承担责任的工程设计图、产品设计图、地图、示意图、计算机软件等职务作品；

（二）报社、期刊社、通讯社、广播电台、电视台的工作人员创作的职务作品；

（三）法律、行政法规规定或者合同约定著作权由法人或者非法人组织享有的职务作品。

▍▌▌ 法条解读 ▌▌▍

本条规定了职务作品的著作权归属。职务作品，是指自然人为完成单位工作任务所创作的作品，需要满足以下条件：第一，作者和所在单位之间具有隶属性的劳动法律关系，作者既包括单位正式员工，也包括兼职人员、劳务派遣人员、实习人员等；第二，创作的目的是完成本单位的工作任务，工作任务既包括根据劳动合同明确约定的岗位职责，也包括劳动合同中没有明确约定但属于单位交付给员工从事的某项具体的工作任务。职务作品的著作权归属区分两种情况：其一，一般职务作品，即本条第 1 款规定的著作权属于作者，单位在其业务范围内享有优先使用权，但单位不能许可给他人使用。作者许可他人使用也受到限制：自作者向单位交付作品之日起两年内，未经单位同意，作者不得许可第三人以与单位相同的方式使用该作品；经单位同意，作者许可第三人以与单位使用的相同方式使用作品所获报酬，由作者与单位按约定的比例分配。其二，特殊职务作品，即第 18 条第 2 款规定的三种类型，作者仅享有署名权，其他权利由单位享有，单位可以给予作者奖励。

▍▌▌ 典型案例 ▌▌▍

"葫芦娃"是动画片《葫芦兄弟》的经典角色形象。在 20 世纪 80 年代，胡某和吴某作为上海美术电影制片厂的职工，受单位指派担任该动画片的造型设计，共同创作了"葫芦兄弟"角色造型形象。二人认为，"葫芦兄弟"形象作为美术作品可以独立于影片而由作者享有著作权，两人从未利用单位的物质技术条件创作葫芦兄弟电影的分镜头台本，因此该美术作品属于一般职务作品，在双方未就著作权进行约定的情况下，"葫芦兄弟"角色造型形象的美术作品著作权应归二人所有。遂诉至法院，请求法院确认《葫芦兄弟》系列动画电影中"葫芦娃"角色形象造型原创美术作品的著作权归二人所有。一审法院认定"葫芦娃"美术作品的著作权由被告上海美术电影制片厂享有，两原告仅享有署名权，判决驳回两原告的诉讼请求。两原告不服，提起上诉。二审法院经审理认为，"葫芦娃"形象依法应当认定为"特殊职务作品"，由上诉人享有署名权，著作权的其他权利由被上诉人享有，遂判决驳回上诉，维持原判。

案例解读

从涉案影片创作时的社会背景来看，由于正处于计划经济时期，被告作为全民所有制单位，其影片的创作需严格遵循行政审批程序和计划安排。被告就涉案影片成立了摄制组，并指派原告胡某担任导演，两原告任造型设计，此系完成被告交付的工作任务。两原告完成后，取得工资、奖金及相关的医疗、分房等福利待遇，创作成果则归属于单位。这在当时既是行业惯例，也是社会约定俗成。双方当事人未就系争作品的著作权归属签订书面合同，但这是特定历史条件下的行为，应深入探究当事人行为时所采取的具体形式，及其真实意思表示，在此基础上才能正确判断系争职务作品著作权的归属。虽然两原告系被告单位职工，造型设计属于其职责范围，系争造型是在单位主持下，为了完成单位的工作任务而进行的创作，责任亦由单位承担；但是，不能将法人意志简单地等同于单位指派工作任务、就创作提出原则性要求或提出修改完善意见等。系争美术作品的创作无须借助单位的物质技术条件，创作的过程也不反映单位的意志，而是体现了作者独特的思想、感情、意志和人格。虽然摄制组其他成员和被告的部门负责人曾提出过修改意见，但这并不影响对"葫芦娃"角色造型作出实质性贡献的仍然是作者个人，其作为作者的人格应受到尊重。因此，"葫芦娃"形象依法应当认定为"特殊职务作品"，由两原告享有署名权，著作权的其他权利由被告享有。

第十九条　受委托创作的作品，著作权的归属由委托人和受托人通过合同约定。合同未作明确约定或者没有订立合同的，著作权属于受托人。

‖‖ 法条解读 ‖‖

本条规定了委托作品的著作权归属。委托作品是指受托人根据委托人的委托而创作的作品，通常发生在实用艺术品设计、人物摄影、肖像制作、外文翻译、课题研究等领域。委托作品的创作基础是委托合同，委托合同既可以是口头的，也可以是书面的；既可以是有偿的，也可以是无偿的。委托作品的特殊性在于受托人的创作活动必须受委托人支配，体现委托人的意志，实现委托人使用作品的目的，因此不能完全自由地从事表达。委托作品的著作权归属由委托人和受托人通过合同约定。合同未作明确约定或者没有订立合同的，著作权属于受托人，但委托人在约定的使用范围内享有使用作品的权利。双方没有约定使用作品范围的，委托人可以在委托创作的特定目的范围内免费使用该作品。例如，消费者请街头画家创作完成的人物漫画，双方没有约定著作权归属时，该漫画的著作权归属于画家，消费者拥有漫画原件的所有权，可以进行占有、使用、处分。

‖‖ 习近平法治思想指引 ‖‖

知识分子工作是党的一项十分重要的工作。各级党委和政府要切实尊重知识、尊重人才，充分信任知识分子，努力为广大知识分子工作学习生活创造更好条件。

要深化科技、教育、文化体制改革，深化人才发展体制改革，加快形成有利于知识分子干事创业的体制机制，放手让广大知识分子把才华和能量充分释放出来。要遵循知识分子工作特点和规律，减少对知识分子创造性劳动的干扰，让他们把更多精力集中于本职工作。要善于运用沟通、协商、谈心等方式做好知识分子思想工作，多了解他们工作学习生活中的困难，多同他们共同探讨一些问题，多鼓励他们取得的成绩和进步。

——习近平 2016 年 4 月 26 日在知识分子、劳动模范、青年代表座谈会上的讲话

各级领导干部要善于同知识分子打交道，做知识分子的挚友、净友。

——习近平 2017 年 3 月 4 日在看望参加全国政协十二届五次会议的民进、农工党、九三学社委员时的讲话

第十条 著作权包括下列人身权和财产权：

（一）发表权，即决定作品是否公之于众的权利；

（二）署名权，即表明作者身份，在作品上署名的权利；

（三）修改权，即修改或者授权他人修改作品的权利；

（四）保护作品完整权，即保护作品不受歪曲、篡改的权利；

（五）复制权，即以印刷、复印、拓印、录音、录像、翻录、翻拍、数字化等方式将作品制作一份或者多份的权利；

（六）发行权，即以出售或者赠与方式向公众提供作品的原件或者复制件的权利；

（七）出租权，即有偿许可他人临时使用视听作品、计算机软件的原件或者复制件的权利，计算机软件不是出租的主要标的的除外；

（八）展览权，即公开陈列美术作品、摄影作品的原件或者复制件的权利；

（九）表演权，即公开表演作品，以及用各种手段公开播送作品的表演的权利；

（十）放映权，即通过放映机、幻灯机等技术设备公开再现美术、摄影、视听作品等的权利；

（十一）广播权，即以有线或者无线方式公开传播或者转播作品，以及通过扩音器或者其他传送符号、声音、图像的类似工具向公众传播广播的作品的权利，但不包括本款第十二项规定的权利；

（十二）信息网络传播权，即以有线或者无线方式向公众提供，使公众可以在其选定的时间和地点获得作品的权利；

（十三）摄制权，即以摄制视听作品的方法将作品固定在载体上的权利；

（十四）改编权，即改变作品，创作出具有独创性的新作品的权利；

（十五）翻译权，即将作品从一种语言文字转换成另一种语言文字的权利；

（十六）汇编权，即将作品或者作品的片段通过选择或者编排，汇集成新作品的权利；

（十七）应当由著作权人享有的其他权利。

著作权人可以许可他人行使前款第五项至第十七项规定的权利，并依照约定或者本法有关规定获得报酬。

著作权人可以全部或者部分转让本条第一款第五项至第十七项规定的权利，并依照约定或者本法有关规定获得报酬。

‖ 法条解读 ‖

本条规定了著作权的内容，包括人身权利和财产权利。

著作人身权是指作者依法享有的以人身利益为内容的权利，与作品创作者的人格紧密相连。作品不仅是具有经济价值的法律意义上的财产，更承载着作者独特的人格、思想、情感、观念等精神权利。保护著作人身权正是为了维系作者与作品之间天然不可分割的创作纽带关系。著作人身权具有民事权利中一般人身权的基本特征，不可转让、继承或受遗赠。《著作权法》第10条规定了四项著作人身权，即发表权、署名权、修改权和保护作品完整权。其中，发表权是一次性的权利，一旦发表该权利就用尽了，不存在再次发表或者反复发表。发表权虽然是著作人身权，但是与著作财产权密切相关，作品的发表是作品进行复制、发行、表演、信息网络传播等后续利用的前提和基础。因此，为了促进作品的传播和利用，充分发挥作品的价值，在一些特殊情况下推定作者同意作品发表。例如，《著作权法实施条例》第17条规定，"作者生前未发表的作品，如果作者未明确表示不发表，作者死亡后50年内，其发表权可由继承人或者受遗赠人行使；没有继承人又无人受遗赠的，由作品原件的所有人行使。"对于署名权而言，当作者采取匿名时并不意味着放弃了署名权，其可以随时在作品上进行署名。当作者人数为多人时，署名方式还包括了对署名顺序的安排。《最高人民法院关于审理著作权民事纠纷案件适用法律若干问题的解释》（以下简称《著作权法司法解释》）第11条规定："因作品署名顺序发生的纠纷，人民法院按照下列原则处理：有约定的按约定确定署名顺序；没有约定的，可以按照创作作品付出的劳动、作品排列、作者姓氏笔画等确定署名顺序。"修改权与保护作品完整权是相互密切联系的，犹如一枚硬币的两面：修改权是积极权利，即作者有权自己修改或授权他人修改作品；而保护作品完整权是消极权利，即作者有权利禁止未经许可歪曲、篡改作品。

著作财产权是著作权人通过自己使用或授权他人使用作品，获取经济收益的权利。《著作权法》第 10 条采取列举式立法，规定了复制权、发行权、出租权、展览权、表演权、放映权、广播权、信息网络传播权、摄制权、改编权、翻译权、汇编权以及"其他权利"的兜底条款。按照作品的利用方式，学理上通常将上述 12 种财产权划分为复制权、演绎权与传播权三类。《著作权法》第三次修改，对于财产权利部分在延续列举式附加兜底条款的立法模式基础上，对部分财产权的界定进行了调整：第一，增加作品的复制行为包括数字化的方式；第二，将"电影和以类似摄制电影的方法创作的作品"改名为"视听作品"；第三，修改了广播权的定义，使之包括有线或者无线方式的非交互式传播，以及通过扩音器等设备或手段公开播放接收到的非交互式传播的节目信号。非交互式传播是指由传播者单方面决定传播的时间和内容，受众只能被动接受。

需要注意的是，我国将复制权规制的对象限于永久复制行为，即该行为能使作品被相对稳定和持久地固定在有形物质载体上，形成作品的有形复制件，不包括网络环境下使用计算机时，在内存中出现的临时复制行为。对于发行权而言，其行使往往与复制权的行使联系在一起，复制和发行共同构成了出版。作品的发行需要有物质载体，因此，在网络环境下没有物质载体的传输行为不构成发行。与发行权密切相连的是"发行权穷尽"原则，又称为"首次销售"原则，其基本含义是指著作权人将作品的原件或复制件提供给公众后，著作权人即失去了对这些原件或复制品的控制权，他人可以自由地再次出售，而不构成对著作权人的侵权。表演权中的表演行为，既包括自然人演员通过自己的声音、表情、动作等公开再现作品的现场表演，也包括借助技术设备将演员的现场表演向公众进行播放的行为。例如，演员演唱歌曲、演奏乐器、朗诵诗歌、上演戏剧属于现场表演，餐厅、商场、超市、交通工具等场所播放背景音乐属于机械表演。与广播权的非交互式传播不同，信息网络传播权是交互式传播，公众可以在其选定的时间、地点获得作品，公众由被动接受变为主动选择。

第二十二条　作者的署名权、修改权、保护作品完整权的保护期不受限制。

▌▌▌ **法条解读** ▌▌▌

本条规定了著作人身权的保护期。四项人身权利中，除发表权以外的其余三项人身权利的保护期不受限制。作者死亡后，这些人身权利由其继承人或者受遗赠人保护，无人继承又无人受遗赠的，由著作权行政管理部门保护。由于发表权比较特殊，与著作财产权关系紧密，作品发表公之于众是后续进行复制、表演、信息网络传播等财产性利用的前提，因此我国《著作权法》规定发表权与著作财产权有保护期限的限制。

第二十三条　自然人的作品，其发表权、本法第十条第一款第五项至第十七项规定的权利的保护期为作者终生及其死亡后五十年，截止于作者死亡后第五十年的 12 月 31 日；如果是合作作品，截止于最后死亡的作者死亡后第五十年的 12 月 31 日。

法人或者非法人组织的作品、著作权（署名权除外）由法人或者非法人组织享有的职务作品，其发表权的保护期为五十年，截止于作品创作完成后第五十年的 12 月 31 日；本法第十条第一款第五项至第十七项规定的权利的保护期为五十年，截止于作品首次发表后第五十年的 12 月 31 日，但作品自创作完成后五十年内未发表的，本法不再保护。

视听作品，其发表权的保护期为五十年，截止于作品创作完成后第五十年的 12 月 31 日；本法第十条第一款第五项至第十七项规定的权利的保护期为五十年，截止于作品首次发表后第五十年的 12 月 31 日，但作品自创作完成后五十年内未发表的，本法不再保护。

▌▌▌ **法条解读** ▌▌▌

本条规定了发表权和著作财产权的保护期，有两种计算方式：第一，对权利主体是自然人（视听作品除外）的发表权和著作财产权，保护期采取死亡起算主义，即作者有生之年加死后 50 年；第二，对权利主体是法人或非法人组织的作品和任何权利主体的视听作品，其著作财产权采取发表起算主义，即作品首次发表后 50 年，但自创作完成后 50 年内不发表的，不再受保护。

　　第五十二条　有下列侵权行为的，应当根据情况，承担停止侵害、消除影响、赔礼道歉、赔偿损失等民事责任：

　　（一）未经著作权人许可，发表其作品的；

　　（二）未经合作作者许可，将与他人合作创作的作品当作自己单独创作的作品发表的；

　　（三）没有参加创作，为谋取个人名利，在他人作品上署名的；

　　（四）歪曲、篡改他人作品的；

　　（五）剽窃他人作品的；

　　（六）未经著作权人许可，以展览、摄制视听作品的方法使用作品，或者以改编、翻译、注释等方式使用作品的，本法另有规定的除外；

　　（七）使用他人作品，应当支付报酬而未支付的；

　　（八）未经视听作品、计算机软件、录音录像制品的著作权人、表演者或者录音录像制作者许可，出租其作品或者录音录像制品的原件或者复制件的，本法另有规定的除外；

　　（九）未经出版者许可，使用其出版的图书、期刊的版式设计的；

　　（十）未经表演者许可，从现场直播或者公开传送其现场表演，或者录制其表演的；

　　（十一）其他侵犯著作权以及与著作权有关的权利的行为。

　　第五十三条　有下列侵权行为的，应当根据情况，承担本法第五十二条规定的民事责任；侵权行为同时损害公共利益的，由主管著作权的部门责令停止侵权行为，予以警告，没收违法所得，没收、无害化销毁处理侵权复制品以及主要用于制作侵权复制品的材料、工具、设备等，违法经营额五万元以上的，可以并处违法经营额一倍以上五倍以下的罚款；没有违法经营额、违法经营额难以计算或者不足五万元的，可以并处二十五万元以下的罚款；构成犯罪的，依法追究刑事责任：

　　（一）未经著作权人许可，复制、发行、表演、放映、广播、汇编、通过信息网络向公众传播其作品的，本法另有规定的除外；

　　（二）出版他人享有专有出版权的图书的；

　　（三）未经表演者许可，复制、发行录有其表演的录音录像制品，或者通过信息网络向公众传播其表演的，本法另有规定的除外；

（四）未经录音录像制作者许可，复制、发行、通过信息网络向公众传播其制作的录音录像制品的，本法另有规定的除外；

（五）未经许可，播放、复制或者通过信息网络向公众传播广播、电视的，本法另有规定的除外；

（六）未经著作权人或者与著作权有关的权利人许可，故意避开或者破坏技术措施的，故意制造、进口或者向他人提供主要用于避开、破坏技术措施的装置或者部件的，或者故意为他人避开或者破坏技术措施提供技术服务的，法律、行政法规另有规定的除外；

（七）未经著作权人或者与著作权有关的权利人许可，故意删除或者改变作品、版式设计、表演、录音录像制品或者广播、电视上的权利管理信息的，知道或者应当知道作品、版式设计、表演、录音录像制品或者广播、电视上的权利管理信息未经许可被删除或者改变，仍然向公众提供的，法律、行政法规另有规定的除外；

（八）制作、出售假冒他人署名的作品的。

法条解读

第52条和第53条规定了侵害著作权和邻接权的行为。第52条规定了11种侵害著作权和邻接权的行为，侵权人承担停止侵害、消除影响、赔礼道歉、赔偿损失等民事责任。第53条规定了8种严重的侵权行为，原则上承担民事责任，但同时损害公共利益或情节严重的，应承担行政责任，构成犯罪的，追究刑事责任。一项特定行为是否构成直接侵害著作权和邻接权的行为，关键在于这项行为是否受到专有权利的控制，以及是否存在特定的法定免责事由。每一项专有权利都控制着某一类特定的行为，比如复制权控制复制行为，表演权控制表演行为，信息网络传播权控制信息网络传播行为。如果未经著作权人和邻接权人许可，又缺乏合理使用、法定许可等抗辩事由，而实施专有权利控制的行为，即构成直接侵权。

典型案例

2014年4月8日，于正的《宫》系列电视剧《宫锁连城》在湖南卫视首播，开播数日后，有不少网友截图留言称《宫锁连城》的剧情和琼瑶经典老剧《梅花烙》很近似。2014 年 4 月 15 日，琼瑶在《花非花雾非雾》官方微博发表给广电总局的公开信，举报于正《宫锁连城》多处剧情抄袭《梅花烙》，并列举了几个于正的抄袭案例作为证据。2014 年 4 月 28 日，琼瑶向北京市第三中级人民法院起诉于正、湖南经视文化传播有限公司、东阳欢娱影视文化有限公司、万达影视传媒有限公司、东阳星瑞影视文化传媒有限公司侵害著作权。2014 年 12 月 25 日，北京市第三中级人民法院判决《宫锁连城》侵犯了《梅花烙》的改编权，立即停止该剧的复制发行传播，于正需在媒体上刊登致歉声明，五被告连带赔偿原告 500 万元。被告不服判决，向北京市高级人民法院提起上诉，2015 年 12 月 16 日，北京市高级人民法院作出终审判决，驳回上诉，维持原判。

案例解读

虚构题材不同于真实历史题材的作品，作者可以有较大创作空间，即便对于同类情节，不同作者创作的差异也会比较大。不可否认文学作品中难免有借鉴情形，但于正在案涉作品中所使用的人物设置、人物关系等，超越了对琼瑶作品合理借鉴的边界，因此构成著作权侵权。领导干部在工作和学习中，应当树立尊重他人著作权的意识，借鉴、引用他人作品、作品片段或者观点时，必须标明所引文献的来源出处和作者姓名。

▎▎▎ 习近平法治思想指引 ▎▎▎

要强化知识产权全链条保护。要综合运用法律、行政、经济、技术、社会治理等多种手段，从审查授权、行政执法、司法保护、仲裁调解、行业自律、公民诚信等环节完善保护体系，加强协同配合，构建大保护工作格局。要打通知识产权创造、运用、保护、管理、服务全链条，健全知识产权综合管理体制，增强系统保护能力。要统筹做好知识产权保护、反垄断、公平竞争审查等工作，促进创新要素自主有序流动、高效配置。要形成便民利民的知识产权公共服务体系，让创新成果更好惠及人民。要加强知识产权信息化、智能化基础设施建设，推动知识产权保护线上线下融合发展。要鼓励建立知识产权保护自律机制，推动诚信体系建设。要加强知识产权保护宣传教育，增强全社会尊重和保护知识产权的意识。

各级领导干部要增强知识产权意识，加强学习，熟悉业务，增强新形势下做好知识产权保护工作的本领，推动我国知识产权保护工作不断迈上新的台阶。

——习近平2020年11月30日主持十九届中央政治局第二十五次集体学习时的讲话

第五十四条　侵犯著作权或者与著作权有关的权利的，侵权人应当按照权利人因此受到的实际损失或者侵权人的违法所得给予赔偿；权利人的实际损失或者侵权人的违法所得难以计算的，可以参照该权利使用费给予赔偿。对故意侵犯著作权或者与著作权有关的权利，情节严重的，可以在按照上述方法确定数额的一倍以上五倍以下给予赔偿。

权利人的实际损失、侵权人的违法所得、权利使用费难以计算的，由人民法院根据侵权行为的情节，判决给予五百元以上五百万元以下的赔偿。

赔偿数额还应当包括权利人为制止侵权行为所支付的合理开支。

人民法院为确定赔偿数额，在权利人已经尽了必要举证责任，而与侵权行为相关的账簿、资料等主要由侵权人掌握的，可以责令侵权人提供与侵权行为相关的账簿、资料等；侵权人不提供，或者提供虚假的账簿、资料等的，人民法院可以参考权利人的主张和提供的证据确定赔偿数额。

人民法院审理著作权纠纷案件，应权利人请求，对侵权复制品，除特殊情况外，责令销毁；对主要用于制造侵权复制品的材料、工具、设备等，责令销毁，且不予补偿；或者在特殊情况下，责令禁止前述材料、工具、设备等进入商业渠道，且不予补偿。

‖ 法条解读 ‖

本条规定了侵权行为民事责任中赔偿损失的计算方式。《著作权法》第三次修改强化了著作权保护力度，提高了法定赔偿数额的上限、增加了惩罚性赔偿的规定并适当增加了侵权人的举证责任。对于侵犯著作权和邻接权的行为，侵权人应赔偿因其侵权行为给著作权人和邻接权人造成的损失。赔偿数额允许权利人在实际损失或者侵权人违法所得之间进行选择。权利人的实际损失，可以根据权利人因侵权所造成复制品发行减少量或者侵权复制品销售量与权利人发行该复制品单位利润乘积计算。发行减少量难以确定的，按照侵权复制品市场销售量确定。赔偿数额还应当包括权利人为制止侵权行为所支付的合理开支，比如包括权利人或者委托代理人对侵权行为进行调查取证费用、律师费、公证费、交通住宿费等。权利人的实际损失或者侵权人的违法所得难以计算的，可以参照著作权许可使用费给予赔偿。权利人的实际损失、侵权人的违法所得、权利许可使用费均不能确定的，由人民法院根据侵权行为的具体情节，判决给予 500 万元以下的赔偿。对于故意侵犯著作权或者邻接权，情节严重的，可以按照权利人实际损失、侵权人违法或者许可使用费为基数，处以 1 倍以上 5 倍以下的惩罚性赔偿。在举证责任方面，为解决权利人对侵权事实及情节举证困难的问题，《著作权法》规定当权利人已经尽了必要举证责任，而与侵权行为相关的账簿、资料等主要由侵权人掌握的情况下，增加侵权人的举证责任，即人民法院可以责令侵权人提供与侵权行为相关的账簿、资料等，如果侵权人不提供或者提供虚假的账簿、资料等的，人民法院可以参考权利人的主张和提供的证据确定赔偿数额。

▌▌▌ 习近平法治思想指引 ▌▌▌

产权保护特别是知识产权保护是塑造良好营商环境的重要方面。要完善知识产权保护相关法律法规，提高知识产权审查质量和审查效率。要加快新兴领域和业态知识产权保护制度建设。要加大知识产权侵权违法行为惩治力度，让侵权者付出沉重代价。要调动拥有知识产权的自然人和法人的积极性和主动性，提升产权意识，自觉运用法律武器依法维权。

——习近平 2017 年 7 月 17 日在中央财经领导小组第十六次会议上的
讲话

《中华人民共和国反垄断法》
重点条文解读

导　学

　　《中华人民共和国反垄断法》（以下简称《反垄断法》）是为预防和制止垄断行为，保护市场公平竞争，鼓励创新，提高经济运行效率，维护消费者利益和社会公共利益，促进社会主义市场经济健康发展而制定的法律。在制定《反垄断法》之前，垄断行为是由《反不正当竞争法》进行规制的。《反垄断法》由第十届全国人民代表大会常务委员会第二十九次会议于 2007 年 8 月 30 日通过，自 2008 年 8 月 1 日起施行。2022 年 6 月 24 日，第十三届全国人民代表大会常务委员会第三十五次会议通过修改《反垄断法》的决定，自 2022 年 8 月 1 日起施行。从法律部门归属上看，《反垄断法》属于经济法，是保障市场经济发展的基础性法律，是经济法体系中市场规制法的重要部门法之一。《反垄断法》的有效实施，对维护市场公平竞争秩序，增强我国经济的活力和竞争力，保护消费者的利益和社会公共利益，促进社会主义市场经济健康发展，具有举足轻重的意义。国家市场监督管理总局发布了《制止滥用行政权力排除、限制竞争行为规定》《禁止垄断协议规定》《禁止滥用市场支配地位行为规定》《经营者集中审查规定》等反垄断法配套规章，自 2023 年 4 月 15 日起施行，这是确保《反垄断法》顺利实施的必然要求，这些规章进一步完善了反垄断执法的依据。各级政府及部门的领导干部掌握《反垄断法》及其相关规章后能有效制定和落实市场准入、产业发展、招商引资、招标投标、政府采购、经营行为规范、资质标准等涉及市场主体经济活动的规范性文件和其他政策措施。

1. 领导干部要切实维护良好的营商环境

> **第一条** 为了预防和制止垄断行为，保护市场公平竞争，鼓励创新，提高经济运行效率，维护消费者利益和社会公共利益，促进社会主义市场经济健康发展，制定本法。

‖ 法条解读 ‖

本条明确了《反垄断法》的立法目的，即预防和制止垄断行为，保护市场公平竞争，鼓励创新，提高经济运行效率，维护消费者利益和社会公共利益，促进社会主义市场经济健康发展。保护市场的公平竞争秩序是《反垄断法》的应有之义；《反垄断法》通过保护竞争机制，遏制垄断行为，使市场始终保持"有竞争"的状态，在竞争的作用下，经营者往往以最低的成本生产高质量的产品，提高消费者福利，保护消费者整体利益，这也是《反垄断法》的重要目标；《反垄断法》从我国实际出发，将维护社会公共利益作为立法目标之一，在具体规定上体现了对社会公共利益的维护。

‖ 典型案例 ‖

案例一：海南省自然资源和规划厅原党组成员、副厅长吴开成违规为他人办理采矿许可证等问题。

2013年至2021年，吴开成利用担任原省国土环境资源厅副厅长、省自然资源和规划厅副厅长等职务上的便利，在明知石场采矿项目没有通过环评审批的情况下，帮助私营企业主违规获得石场采矿权、办理采矿许可证，牟取非法利益，并通过"持有企业干股"等方式收受贿赂。此外，吴开成还存在其他严重违纪违法问题。2022年9月，吴开成受到开除党籍、开除公职处分，其涉嫌犯罪问题被移送检察机关依法审查起诉。

案例二：乌海市人民医院原院长尹秀凤违规为他人在医疗设备采购、款项拨付等方面提供帮助并收受财物问题。

2008年至2013年，尹秀凤在担任市妇幼保健院院长，市人民医院党委委员、副书记、院长期间，利用职务便利，在医疗设备采购、款项拨付等方面为他人谋取利益，并收受巨额财物。此外，尹秀凤还存在其他违纪问题。2021 年 12 月，尹秀凤受到开除党籍处分，调整（取消）其享受的待遇，其涉嫌犯罪问题已移送司法机关依法处理。

案例解读

党中央、国务院高度重视优化营商环境工作。以习近平新时代中国特色社会主义思想为指导，立足新发展阶段，完整、准确、全面贯彻新发展理念，构建新发展格局，以推动高质量发展为主题。但有个别政府部门和企事业单位领导利用职权对市场竞争造成严重影响，破坏了营商环境。对此，《反垄断法》开宗明义地确立了预防和制止垄断行为，保护市场公平竞争，鼓励创新，提高经济运行效率，维护消费者利益和社会公共利益，促进社会主义市场经济健康发展的立法宗旨，为良好营商环境的打造提供了法治保障。广大领导干部应该以身作则，为社会主义市场经济建设贡献力量。

▌ 习近平法治思想指引 ▌

面对新形势新任务新要求，全面深化改革，关键是要进一步形成公平竞争的发展环境……政府的职责和作用主要是……保障公平竞争，加强市场监管，维护市场秩序……坚持权利平等、机会平等、规则平等，实行统一的市场准入制度……

——习近平关于《中共中央关于全面深化改革若干重大问题的决定》的

说明

2. 领导干部要学习和领会公平竞争审查制度的精神

第五条　国家建立健全公平竞争审查制度。
行政机关和法律、法规授权的具有管理公共事务职能的组织在制定涉及市场主体经济活动的规定时，应当进行公平竞争审查。

▌ 法条解读 ▌

《反垄断法》增加了建立公平竞争审查制度的规定，实现了公平竞争审查制度法治化，提升了该制度的约束力；本条与分则中有关行政性垄断的具体规则有机结合，形成制度合力，对于行政性垄断行为从事前预防、事中监管、事后纠偏三个维度进行规制，维护市场的公平竞争环境，畅通全国经济循环，构建全国统一大市场。

▌ 典型案例 ▌

案例一：2023 年 11 月 23 日，桃江县人民政府召开的第十一次常务会议上增加了一项专门议程，给与会的领导干部安排了一堂公平竞争审查内容的辅导课。讲授内容包括桃江县公平竞争审查开展情况以及公平竞争审查工作的具体要求等，还对《反垄断法》《公平竞争审查制度实施细则》作了重点解读。会议强调，落实公平竞争审查是转变政府职能、建设法治政府、优化营商环境、服务实体经济的有力抓手，各级各部门务必提高认识，完善机制，落实责任，加快建设高效规范、公平竞争、充分开放的市场环境。2023年以来，桃江县为切实优化营商环境，营造公平有序的市场环境，将落实公平竞争审查制度提至历史新高度。以宣传培训促共识：在县政府法制长廊设立公平竞争、反垄断反不正当竞争的法制专栏，将公平竞争审查制度相关政策法规纳入县委党校科级干部培训班课程。以整章建制促规范：健全完善内部审查、联合会审、三方评估、责任追究等工作机制，多次召开专题会商、联席会议部署调度公平竞争审查，及时发现、纠正政策落实推进中出现的走虚和走偏等问题。以问题导向促实效：按照清存量、控增量、保质量的原则，严格落实重大行政决策公示、听证等制度，积极探索自我审查与专门机构指导监督相结合的机制，广泛加强社会监督和执法监督。

案例二：连云港市海州区强化公平竞争审查的刚性约束

2023 年 10 月，江苏省连云港市海州区"公平竞争审查大数据平台"正式上线，这标志着海州区公平竞争审查工作驶上科技赋能智慧化监管的"快车道"，改变了过去人工审查时间长、效率低、审查不全面、审查标准不统一等问题，实现实时监测、实时评估、实时预警、及时处置，确保各项政策措施公平公正不"跑偏"。近年来，海州区公平竞争审查工作坚持"稳字当头、稳中求进"的工作总基调，坚持"四突出四增强"工作思路，工作再加力、制度再完善、能力再提高、审查再加强、责任再压实，稳步推进公平竞争审查制度落实落细。海州区委、区政府高度重视公平竞争审查工作，将此项工作纳入优化营商环境、法治政府建设等考评体系，最大限度发挥制度"指挥棒"和"风向标"作用。

案例解读

公平竞争审查制度是《反垄断法》修订中新增加的制度，公平竞争审查工作是党中央、国务院深化经济体制改革、推动经济高质量发展的重要举措。公平竞争审查制度是党中央、国务院深化经济体制改革的重要决策部署。各级政府及部门在制定市场准入、产业发展、招商引资、招标投标、政府采购、经营行为规范、资质标准等涉及市场主体经济活动的规范性文件和其他政策措施时，应当进行公平竞争审查，评估对市场竞争的影响，防止排除、限制市场竞争。各级政府部门、企事业单位应当将公平竞争审查制度相关政策法规纳入培训学习内容。

▌习近平法治思想指引▌

全面落实公平竞争审查制度。完善竞争政策框架，建立健全竞争政策实施机制，强化竞争政策基础地位。强化公平竞争审查的刚性约束，修订完善公平竞争审查实施细则，建立公平竞争审查抽查、考核、公示制度，建立健全第三方审查和评估机制。统筹做好增量审查和存量清理，逐步清理废除妨碍全国统一市场和公平竞争的存量政策。建立违反公平竞争问题反映和举报绿色通道。加强和改进反垄断和反不正当竞争执法，加大执法力度，提高违法成本。培育和弘扬公平竞争文化，进一步营造公平竞争的社会环境。

修订反垄断法，推动社会信用法律建设，维护公平竞争市场环境。

——《中共中央 国务院关于新时代加快完善社会主义市场经济

体制的意见》（2020 年 5 月 11 日）

3. 领导干部要把好"权力关"，树立服务理念

第十条 行政机关和法律、法规授权的具有管理公共事务职能的组织不得滥用行政权力，排除、限制竞争。

▌ 法条解读 ▌

本条是对行政性垄断行为的规定。行政性垄断行为是指地方政府、政府经济主管部门或其他政府职能部门，或是具有某些政府职能的其他组织，凭借行政权力排斥、限制或妨碍市场竞争的行为。行政垄断破坏了自由公平的市场竞争秩序，阻碍了我国自由竞争秩序的建立，违背了市场的发展规律，导致无法形成开放统一的市场体系，并且损害了消费者和经营者的利益，还会损害行政主体的廉洁性，破坏社会风气。

▌ 典型案例 ▌

案例一：2021年8月，河北省市场监督管理局对A市城市管理综合行政执法局涉嫌滥用行政权力排除、限制竞争的行为依法立案调查。经调查，2020年12月10日，A市城市管理综合行政执法局制定《共享电动单车准入基本条件》和《共享电动单车项目竞争性谈判比选文件》，确定由1家企业运营A市城区共享电动单车，并于当日公开发布《A市城市管理综合行政执法局"共享电动单车"项目竞争性谈判比选公告》。2020年12月31日，经竞争性谈判比选最终确定上海钧正网络科技有限公司中选，并于当天发布中标公告。2021年5月31日，A市城市管理综合行政执法局与上海钧正网络科技有限公司签订"共管合作协议"，约定"本协议自签订之日起两年内有效，根据双方合作的实际运营成果，到期后乙方无违规操作、无不良社会反响且考核合格优先顺延"。河北省市场监督管理局认为，A市城市管理综合行政执法局实施的上述行为违反了《反垄断法》的规定。2021年10月，河北省市场监督管理局向A市人民政府依法提出处理建议，A市人民政府复函表示当事人已整改到位。

案例二：2023年9月27日，浙江省市场监管局依法对A市B区人民政府涉嫌滥用行政权力排除、限制竞争行为立案调查。经查，2023年5月29日，当事人印发《B区支持建筑业高质量发展的十项措施》，规定B区区级机关各部门、各镇（街道）园区、各区属国资公司，对政府投资的施工单项合同估算价在60万元人民币以上、400万元人民币以下的项目，单项合同估算价在30万元人民币以上、200万元人民币以下的重要设备、材料等货物的采购，单项合同估算价在30万元人民币以上、100万元人民币以下的勘察、设计、监理等服务的采购，应优先选择区属中小建筑业企业建设或者承接。该区人民政府以设定歧视性资质要求、评审标准或者不依法发布信息等方式违反了《反垄断法》的规定，实施了垄断行为。调查期间，当事人积极落实整改，及时废止相关文件，全面开展自查自纠。

案例解读

案例一中A市城市管理综合行政执法局滥用行政权力，限定或者变相限定单位或者个人经营、购买、使用其指定的经营者提供的商品，违反了《反垄断法》关于行政机关不得滥用行政权力，制定含有排除、限制竞争内容的规定，构成了滥用行政权力排除、限制竞争的行为。案例二中的A市B区人民政府印发文件要求部分政府投资项目由区属中小建筑业企业建设或者承接，排除、限制了外地建筑业企业平等参与相关市场竞争，违反了《反垄断法》的规定，构成滥用行政权力排除、限制竞争行为。行政性垄断行为破坏了正常的市场竞争，制约了整体社会福利的提高，易形成权力寻租导致腐败，也阻碍了全国统一大市场的形成。领导干部要把好"权力关"，树立服务理念，防止排除、限制竞争的政策措施出台，实现政企分开，营造公平良好的市场竞争环境。

▌ 习近平法治思想指引 ▌

要打破各种各样的"卷帘门"、"玻璃门"、"旋转门"，在市场准入、审批许可、经营运行、招投标、军民融合等方面，为民营企业打造公平竞争环境，给民营企业发展创造充足市场空间。要鼓励民营企业参与国有企业改革。要推进产业政策由差异化、选择性向普惠化、功能性转变，清理违反公平、开放、透明市场规则的政策文件，推进反垄断、反不正当竞争执法。

——习近平 2018 年 11 月 1 日在民营企业座谈会上的讲话

第三十九条 行政机关和法律、法规授权的具有管理公共事务职能的组织不得滥用行政权力，限定或者变相限定单位或者个人经营、购买、使用其指定的经营者提供的商品。

▓ 法条解读 ▓

本条为行政性垄断行为中的行政性强制经营行为。行政性垄断行为主体不仅包括行政机关，还包括法律、法规授权的具有管理公共事务职能的组织。行政性强制经营行为是政府通过滥用行政权力造成的市场垄断，政府利用自己的权力强制性要求相关单位和个人购买由其指定的经营者提供的商品，使相关单位和个人丧失了一定的自主选择权，从而使特定经营者在相关市场内享有独占地位，违反了民法关于主体平等、交易自由、等价有偿、诚实信用的基本原则，同时也违反了《消费者权益保护法》中有关消费者选择权的规定。因此，《反垄断法》也对行政性强制经营行为加以规制。

▓ 典型案例 ▓

案例一：2020 年 7 月 2 日，国家市场监督管理总局官网公布了"市场监管总局发布湖南中民燃气有限公司（以下简称中民公司）与怀化铁路经济技术开发有限公司（以下简称怀铁公司）达成并实施垄断协议案行政处罚决定书"。该案并非简单的横向垄断协议划分市场份额案件，而是由湖南省怀化市燃气企业遵循怀化市住建局及其下属燃气办工作方案要求实施长达近 10 年的垄断协议。根据湖南省市场监管局调查认定的违法事实、定性处理依据，怀化市纪委作出纪律检查建议，怀化市住建局党组对相关责任人员进行追责问责，给予燃气办前主任钟某党内警告处分，燃气办现主任张某被免职。正是基于怀铁公司提供的情况和证据，湖南省市场监管局于 11 月 19 日对怀化市住建局涉嫌滥用行政权力排除、限制竞争行为立案调查。同时，以怀铁公司主动提供情况和证据为突破，中民公司也开始转变态度积极配合调查。执法人员就此展开了更加深入细致的调查工作。当事人分别提供 2012 年 3 月至 2019 年 6 月两家公司每月的燃气配送数量和比例之后，本案诸多细节如委托经营等情况才得以查实。同时，怀化市住建局主导市场整合过程中涉嫌滥用行政权力排除、限制竞争行为的证据链也完整形成。因此，湖南省市场监管局认定，怀铁公司主动提供新的情况及重要证据属宽大处理情形。

案例二：2021 年 4 月，湖南省郴州市教育局通过招标确定 4 家校服生产供应厂家，并将市区划分为 4 个区域，限定各区域的学校只能从指定厂家购买校服。湖南省市场监管局在 2021 年 8 月调查时认为，上述行为剥夺了学校和家长委员会的自主挑选权。于是，此次招标工作在 2021 年 9 月终止。2023 年 10 月 18 日，郴州市教育局办公室的一名工作人员介绍，中小学校服业务由教育局下设的二级机构技术装备处负责，由于该机构在中小学校服厂家入围资质公开招标工作存在违纪违规行为，中途被市场监督治理局叫停，纪委随后介入调查，该机构的负责人也受到处分。郴州市纪委的通报指出，2013 年至 2022 年，李军红利用担任郴州市教育局技术装备处副主任、主任等职务便利，为他人承揽中小学校服业务、学校实验室、设施设备及安装服务采购等项目提供帮助，非法收受他人财物共计 244.8 万元。2022 年 6 月，李军红受到开除党籍、开除公职处分，涉嫌犯罪问题被移送检察机关依法审查起诉。被处罚后，郴州市教育局采取整改措施。上述工作人员表示，教育局在 2021 年 9 月 15 日联合市发展改革委和市场监管局公布关于进一步规范中小学校服治理工作的通知，强调选用和采购校服各个环节的文件资料应由学校全部存档，校服采购合同向主管教育部门备案，不得违反市场原则、以定点定商标等方式干涉交易。

案例解读

案例一中，怀化市住建局及其下属燃气办在制定工作方案时，要求整合怀化城区瓶装燃气销售业务，由中民公司实施统一管理，统一调配供应市场；对中民公司与怀铁公司达成的包括划分市场份额、委托管理经营等在内的协议、合同予以鉴证；对怀铁公司要求恢复自主经营行为予以拒绝，导致相当长一段时间内怀化城区瓶装燃气销售业务由中民公司统一经营管理，统一开票收费，使得中民公司与怀铁公司实施分割瓶装燃气充装市场的垄断行为长期存续，严重影响了市场竞争。案例二中，郴州市教育局的行为形式上是通过招标进行的，实则通过招标确定 4 家校服生产供应厂家，并将市区划分为 4 个区域，限定各区域的学校只能从指定厂家购买校服，该行为剥夺了学校和家长委员会的自主挑选权，属于变相限定单位或者个人经营、购买、使用其指定的经营者提供的商品的行为。社会主义市场经济是法治经济，市场主体的经营活动理应按市场交易规则进行，个别领导干部的不当介入使公平竞争的市场秩序受影响，经营者、消费者利益受损，对此，广大领导干部应当坚决贯彻落实党的二十大关于加强反垄断、破除地方保护和行政性垄断的重要决策部署，自觉践行以人民为中心的发展思想，积极贯彻新发展理念。

▍▍习近平法治思想指引▍▍

加强反垄断和反不正当竞争，破除地方保护和行政性垄断，依法规范和引导资本健康发展。

——习近平 2022 年 10 月 16 日在中国共产党第二十次全国代表大会上的报告

> 第四十二条 行政机关和法律、法规授权的具有管理公共事务职能的组织不得滥用行政权力，以设定歧视性资质要求、评审标准或者不依法发布信息等方式，排斥或者限制经营者参加招标投标以及其他经营活动。

▍▍法条解读▍▍

在 2022 年《反垄断法》的修订中，将"排斥或者限制外地经营者参加本地的招标投标活动"修改为"排斥或者限制经营者参加招标投标以及其他经营活动"。首先，取消"外地经营者"这一概念限定，其目的在于实现真正的竞争中立，即不论是对外地企业还是本地企业的歧视都不应被允许。目前，地方保护主义在我国并未根绝，有时还会死灰复燃，同时还存在"优待外地企业、歧视本地企业"的现象，这些都会破坏公平竞争的市场环境，都应予以规制。其次，之所以增加"其他经营活动"这一内容，主要是为了应对实践中各种不同的情况。除招投标外，竞争性谈判、询价、竞争性磋商等都属于竞争性采购方式，都存在滥用行政权力排除、限制竞争的空间和可能，以"其他经营活动"兜底，可以有效弥补原有法律规定的疏漏和不足。

▍▍典型案例▍▍

案例一：2022 年 5 月，襄阳市工程建设招标投标综合信用评价系统正式上线运行。据湖北省市场监管局介绍，在信用评分审核过程中，当事人只认可经营者在襄阳市的纳税证明、社保缴费证明等，对于经营者在襄阳市外的纳税证明、社保缴费证明等不予认可，排斥经营者在外地的经营业绩，变相限制外地经营者在本地公平参与招投标活动，损害了市场公平竞争秩序。湖北省市场监管局认为，上述行为违反了《反垄断法》的有关规定，即"行政机关和法律、法规授权的具有管理公共事务职能的组织不得滥用行政权力，以设定歧视性资质要求、评审标准或者不依法发布信息等方式，排斥或者限制经营者参加招标投标以及其他经营活动"。在调查期间，襄阳市行政审批局进行了整改，对外地缴纳社保、纳税信息不予确认的问题予以纠正，同时组织相关审核部门进一步明确信用评价审核标准，规范审核行为。考虑到当事人已主动采取措施停止相关行为，消除相关后果，湖北省市场监管局按程序结束调查。该局表示，下一步将继续加大对滥用行政权力排除、限制竞争行为的查处力度，营造公平竞争市场环境。

案例二：2022年2月23日，湖北省市场监管局披露一起行政性垄断案：黄冈市城市管理执法委员会因排斥或限制外地经营者参与本地招投标活动，被指构成滥用行政权力排除、限制竞争行为。通报显示，2021年11月，湖北省市场监管局对这起案件进行调查。经查，当年3月，黄冈市城市管理执法委员会决定对项目招标代理机构进行遴选，在政府网上发布《2021年度项目招标代理机构遴选公告》，要求招标代理机构在黄冈市区具有固定的经营场所，需提供自有房产证或租用房产协议或其他房产证明材料。在认识到违反《反垄断法》后，黄冈市城市管理执法委员会废止了相关文件，并召开会议要求全面清理废除妨碍统一市场和公平竞争的各种规定做法。特别是，针对一事一议的通知公告存在审查不细或漏审的问题进行认真整改，并将《反垄断法》纳入单位普法内容，严格落实公平竞争审查制度。同时要求，全面清理现行政策措施，补做公平竞争审查，确保政策措施符合公平竞争要求。湖北省市场监管局表示，将继续加大对滥用行政权力排除、限制竞争行为的查处力度，营造公平竞争市场环境。

案例解读

案例一中，当事人在信用评分审核过程中只认可经营者在襄阳市的纳税证明、社保缴费证明等，对于经营者在襄阳市外的纳税证明、社保缴费证明等不予认可，显然通过排斥经营者在外地的经营业绩，割裂了市场，变相限制了外地经营者在本地公平参与招投标活动的权利，损害了市场公平竞争秩序。案例二中的城市管理执法委员会构成了行政性垄断行为。各级政府应当加强优化市场准入环境、维护公平竞争秩序、强化重点领域市场监管等方面的工作，努力强化竞争政策基础地位、落实公平竞争审查制度、破除妨碍公平竞争规定、推进市场竞争文化建设。

▊▊ 习近平法治思想指引 ▊▊

加强要素领域价格反垄断工作，维护要素市场价格秩序。

打破地方保护，加强反垄断和反不正当竞争执法，规范交易行为，健全投诉举报查处机制，防止发生损害国家安全及公共利益的行为。

深化"放管服"改革，强化竞争政策基础地位，打破行政性垄断、防止市场垄断，清理废除妨碍统一市场和公平竞争的各种规定和做法，进一步减少政府对要素的直接配置。

——《中共中央 国务院关于构建更加完善的要素市场化配置体制机制的意见》（2020 年 3 月 30 日）

第四十五条 行政机关和法律、法规授权的具有管理公共事务职能的组织不得滥用行政权力，制定含有排除、限制竞争内容的规定。

▊▊ 法条解读 ▊▊

本条内容为抽象行政垄断行为。在 2022 年的《反垄断法》修订中，将本条中的义务主体由行政机关扩展到了法律、法规授权的具有管理公共事务职能的组织。这样，抽象行政行为的主体与公平竞争审查的主体保持了一致，抽象行政行为被全面纳入竞争约束，从而使得预防和制止行政性垄断行为的制度与公平竞争审查制度可以有效衔接。抽象行政垄断行为因为针对的对象不是特定的，所制定的规范性文件也是具有普遍约束力的，所以危害性相较具体行政垄断行为而言更大。

▊▊ 典型案例 ▊▊

案例一：2021 年 11 月，重庆市市场监管局对 A 区教育委员会涉嫌滥用行政权力排除、限制竞争行为进行调查。经查，2021 年 5 月 23 日，A 区教委下发了《重庆市 A 区教育委员会关于坚持民生导向服务教育事业加强中小学后勤服务管理工作的意见》，文件规定"一是全区中小学教辅资料发行统一由 A 区教委组织，具体由 ×× 公司统一发行；二是全区中小学服装采购统一由 ×× 公司组织供货；三是全区中小学办公用品、文教用品、体育器材供给，一律由 ×× 公司集中采购供给；四是全区中小学学生保险，统一由 ×× 公司代理；五是全区教育考察培训，统一由 ×× 公司组织办理"。A 区教委上述行为违反《反垄断法》的规定，实施了排除、限制竞争的行为。当事人认识到上述行为违反了《反垄断法》规定，在调查期间积极整改，消除了不良影响。

案例二：2022 年 8 月 2 日，天津市市场监督管理委员会依法对天津市道路运输管理局涉嫌滥用行政权力排除、限制竞争行为立案调查。经查，2018 年 10 月以来，当事人在没有法律法规依据的情况下，通过持续发布天津市网络预约出租车车载专用设备产品名单，并制定《关于印发网约车车载专用设备技术标准及供应商资质要求的通知》，限定从事网络预约出租车经营的经营者购买、使用其指定的供应商设备，排除、限制了天津市网络预约出租车车载专用设备市场的竞争。截至调查前，文件仍在执行。天津市市场监督管理委员会认为，网络预约出租车车载专用设备市场属于竞争性市场，当事人通过制定文件、发布名单，直接指定产品型号和供应商，排除了名单之外设备供应商的进入，限制了网络预约出租车车载专用设备市场的竞争。当事人的上述行为违反了《反垄断法》的规定，构成了滥用行政权力排除、限制竞争行为。调查期间，当事人认识到上述行为违反了《反垄断法》有关规定，积极整改，消除不良影响，主动废除上述文件、名单。同时，当事人通过强化竞争政策理论学习，强化存量文件清理，加强内部公平竞争审查机制建设等措施，防止出台排除、限制竞争的政策措施。

案例解读

案例一中，A 区教委下发的《重庆市 A 区教育委员会关于坚持民生导向服务教育事业加强中小学后勤服务管理工作的意见》，规定全区中小学教辅资料发行，全区中小学服装采购，全区中小学办公用品、文教用品、体育器材供给，全区中小学学生保险，全区教育考察培训，统一由 ×× 公司组织办理。该行为属于排除、限制竞争的行为。案例二中，天津市道路运输管理局制定的《关于印发网约车车载专用设备技术标准及供应商资质要求的通知》，限定从事网络预约出租车经营的经营者购买、使用其指定的供应商设备，该行为排除、限制了天津市网络预约出租车车载专用设备市场的竞争，构成了行政性垄断。行政垄断在世界各国都存在，但由于我国文化传统、经济体制等各种因素，行政垄断时有发生，在上述案例中，政府部门的行为极大地破坏了市场竞争秩序，损害了公众利益，必须予以限制。《反垄断法》对限制行政垄断功效明显，极大维护了市场秩序，经过修订，《反垄断法》将会更加地适应社会发展，维护市场竞争秩序。中共中央、国务院《关于促进民营经济发展壮大的意见》明确规定了持续破除市场准入壁垒。各地区各部门不得以备案、注册、年检、认定、认证、指定、要求设立分公司等形式设定或变相设定准入障碍。清理规范行政审批、许可、备案等政务服务事项的前置条件和审批标准，不得将政务服务事项转为中介服务事项，没有法律法规依据不得在政务服务前要求企业自行检测、检验、认证、鉴定、公证或提供证明等。稳步开展市场准入效能评估，建立市场准入壁垒投诉和处理回应机制，完善典型案例归集和通报制度。全面落实公平竞争政策制度。强化竞争政策基础地位，健全公平竞争制度框架和政策实施机制，坚持对各类所有制企业一视同仁、平等对待。强化制止滥用行政权力排除限制竞争的反垄断执法。未经公平竞争不得授予经营者特许经营权，不得限定经营、购买、使用特定经营者提供的商品和服务。定期推出市场干预行为负面清单，及时清理废除含有地方保护、市场分割、指定交易等妨碍统一市场和公平竞争的政策。优化完善产业政策实施方式，建立涉企优惠政策目录清单并及时向社会公开。

▐▍习近平法治思想指引 ▍▐

　　加快建立全国统一的市场制度规则，打破地方保护和市场分割，打通制约经济循环的关键堵点，促进商品要素资源在更大范围内畅通流动，加快建设高效规范、公平竞争、充分开放的全国统一大市场，全面推动我国市场由大到强转变，为建设高标准市场体系、构建高水平社会主义市场经济体制提供坚强支撑。

——《中共中央 国务院关于加快建设全国统一大市场的意见》

（2022 年 3 月 25 日）

《中华人民共和国长江保护法》

重点条文解读

导　学

　　长江是中华民族的母亲河，是中华民族发展的重要支撑。长江全长
6 300 多千米，为世界第三大河流，全流域涉及 19 个省、自治区、直辖市，
流域面积 180 万平方公里，横跨东、中、西部三大经济区，具有完备的自然
生态系统、独特的生物多样性，蕴藏着丰富的野生动植物资源、矿产资源、
全国三分之一的水资源、五分之三的水能资源，全国大部分淡水湖分布在长
江中下游地区，是我国重要的战略水源地、生态宝库和重要的黄金水道，地
位十分重要。

　　习近平总书记高度重视推进长江经济带绿色发展和长江保护法立法工
作，强调推进长江经济带发展必须走生态优先、绿色发展之路，涉及长江的
一切经济活动都要以不破坏生态环境为前提，共抓大保护、不搞大开发，为
立法工作指明了方向、确立了原则、作出了定位。党的十九大对推动长江经
济带发展作出了总体部署，党中央发布了一系列有关长江问题的重要文件。
2020 年 12 月 26 日，《中华人民共和国长江保护法》(以下简称《长江保护
法》) 经审议通过并于 2021 年 3 月 1 日起正式实施。

　　《长江保护法》既是生态环境的保护法，也是绿色发展的促进法。《长江
保护法》作为我国第一部流域立法，为《黄河保护法》等后续流域立法制定工
作奠定了坚实的基础。《长江保护法》从立法目的、适用范围、基本原则、管
理体制、基本制度措施和法律责任各个层面，为加强长江流域生态环境保护
和修复、促进资源合理高效利用、推动长江流域绿色发展提供了全面系统的
法律规范支撑。长江流域相关地区领导干部应深刻理解立法所确立的生态环
境保护和修复、资源合理高效利用、流域绿色发展促进的基本理念，清晰了
解立法明确的红线、底线约束，把握用好立法赋予的发展转型促进政策工具，
处理好高水平保护和高质量发展的关系，站在人与自然和谐共生的高度，通
过高水平生态环境保护，不断塑造发展的新动能、新优势，切实做好长江流
域生态环境保护和修复、资源合理高效利用、推进绿色高质量发展相关工作。

第一条　为了加强长江流域生态环境保护和修复，促进资源合理高效利用，保障生态安全，实现人与自然和谐共生、中华民族永续发展，制定本法。

‖ 法条解读 ‖

本条为立法目的。着重针对长江流域生态系统破坏的突出问题，把生态修复摆在压倒性位置，通过保障自然资源高效合理利用，防范和纠正各种影响破坏长江流域生态环境的行为，进而确立了生态安全、和谐共生、永续发展的价值目标。确立保障长江流域整体生态安全的基础价值，既是对总体国家安全观的贯彻，更是保障长江生态系统健康、完整的迫切需要。确立人与自然和谐共生的基本价值，有利于保证长江流域生态安全，促进可持续发展。确立中华民族永续发展的根本价值，体现了满足当代人民和未来世世代代对美好生活的向往。

第三条　长江流域经济社会发展，应当坚持生态优先、绿色发展，共抓大保护、不搞大开发；长江保护应当坚持统筹协调、科学规划、创新驱动、系统治理。

‖ 法条解读 ‖

本条为长江流域经济社会发展和长江保护的基本原则。《长江保护法》通过确立"生态优先、绿色发展"的原则，在将保护和修复长江流域生态环境放到压倒性位置的同时，为促进长江经济带高质量发展提供稳定预期；以法律手段推动形成"共抓大保护、不搞大开发"的社会共识与自觉行动，规定了更高的保护标准、更严格的保护措施，加强山水林田湖草整体保护、系统修复。

在长江保护中坚持统筹协调原则，要求将"中医整体观"落实到具体的法律制度中去，为长江保护建立整体性、协同性的保护体制机制，解决"九龙治水""各自为政"的困局，为"共抓大保护、不搞大开发"提供体制机制依据，将不同主体、不同利益诉求纳入统一的法律制度进行调整，形成协同、协调的法律机制。坚持科学规划原则，强调长江流域保护与修复，科学规划是前提。建立健全长江流域规划体系，对于加强长江保护、推动长江经济带高质量发展具有重要作用。坚持创新驱动原则，凸显创新是引领发展的第一动力，为推动长江经济带高质量发展指明了发展方向和实现路径，明确了实现长江经济带保护与发展的最终路径。坚持系统治理原则，明确把长江流域视为一个整体予以保护，重视对不同环境要素的综合治理，治理措施"系统化"，综合应对水环境、水资源、水生态的问题。

▏ 典型案例 ▕

案例一：2023 年 12 月，湖北省纪委监委网站发布信息，崇阳县肖岭乡党委书记、第一总河库长廖永志落实河湖库长制工作职责不力，导致隽水河河床被破坏问题。2021 年 4 月至 2023 年 3 月，廖永志在担任崇阳县肖岭乡党委书记、第一总河库长期间，落实河湖库长制属地管理责任不力，对他人通过小型吸沙筏、挖掘机挖掘裸露河床等"蚂蚁搬家"方式偷采砂石的行为排查整治不到位，导致隽水河（长江支流）河床因过度采砂被破坏。2023 年 8 月，廖永志受到党内警告处分，其他 20 名相关责任人均受到相应处理。

案例二：2021 年 9 月，生态环境部网站发布信息，中央第五生态环境保护督察组督察四川发现，南充市嘉陵江流域保护工作不力，违规采砂、侵占岸线、废旧船舶滩涂拆解等问题长期存在，嘉陵江南充段生态环境遭到破坏，生物多样性受到威胁。督察组指出，南充市及相关县（市、区）对长江生态环境保护修复的重要性、紧迫性、整体性、系统性认识不足，贯彻落实长江大保护决策部署不力，没有把修复长江生态环境摆在压倒性位置，未能及时解决流域生态破坏、环境污染问题，监管失职失责。

案例解读

在贯彻落实《长江保护法》、长江经济带发展战略过程中，政治站位不高、思想认识不到位、法治意识不足、政绩观错位是领导干部在工作中履责尽责不力，出现各类违纪违法现象的原因之一。习近平总书记高度关注长江经济带绿色发展、长江生态环境保护和修复工作，提出坚持生态优先、绿色发展，坚持共抓大保护、不搞大开发，把修复长江生态环境摆在压倒性位置，推动长江经济带高质量的要求。

《长江保护法》第 1 条、第 3 条对于立法目的和基本原则的规定，明确了长江保护工作的基本理念和基本要求。长江流域相关地区领导干部，需站在"实现人与自然和谐共生"的中国式现代化建设目标、"实现中华民族永续发展"的根本大计的高度，认识和把握"加强长江流域生态环境保护和修复，促进资源合理高效利用，保障生态安全"的重要意义。同时，在推进长江经济带发展的过程中，始终坚持"生态优先、绿色发展，共抓大保护、不搞大开发"根本要求；贯彻"统筹协调、科学规划、创新驱动、系统治理"的整体策略做好长江保护工作。

▎▎习近平生态文明思想、习近平法治思想指引 ▎▎

长江和长江经济带的地位和作用，说明推动长江经济带发展必须坚持生态优先、绿色发展的战略定位，这不仅是对自然规律的尊重，也是对经济规律、社会规律的尊重。

长江拥有独特的生态系统，是我国重要的生态宝库。当前和今后相当长一个时期，要把修复长江生态环境摆在压倒性位置，共抓大保护，不搞大开发。

——习近平 2016 年 1 月 5 日在推动长江经济带发展座谈会上的讲话

从长远来看，推动长江经济带高质量发展，根本上依赖于长江流域高质量的生态环境。要毫不动摇坚持共抓大保护、不搞大开发，在高水平保护上下更大功夫。

——习近平 2023 年 10 月 12 日在进一步推动长江经济带高质量发展座谈会上的讲话

第二十条 国家对长江流域国土空间实施用途管制。长江流域县级以上地方人民政府自然资源主管部门依照国土空间规划，对所辖长江流域国土空间实施分区、分类用途管制。

长江流域国土空间开发利用活动应当符合国土空间用途管制要求，并依法取得规划许可。对不符合国土空间用途管制要求的，县级以上人民政府自然资源主管部门不得办理规划许可。

‖ **法条解读** ‖

本条为长江流域国土空间用途管制的规定。第1款明确了长江流域国土空间分区、分类用途管制的职责和依据，长江流域县级以上地方人民政府自然资源主管部门负责所辖区域国土空间分区、分类用途管制工作，国土空间规划为国土空间分区、分类用途管制工作的依据；第2款明确了以规划许可为抓手落实用途管制要求，要求相关开发利用活动应符合用途管制要求并取得规划许可，强调不符合管制要求的不得办理规划许可。

第二十二条　长江流域省级人民政府根据本行政区域的生态环境和资源利用状况，制定生态环境分区管控方案和生态环境准入清单，报国务院生态环境主管部门备案后实施。生态环境分区管控方案和生态环境准入清单应当与国土空间规划相衔接。

长江流域产业结构和布局应当与长江流域生态系统和资源环境承载能力相适应。禁止在长江流域重点生态功能区布局对生态系统有严重影响的产业。禁止重污染企业和项目向长江中上游转移。

‖ **法条解读** ‖

本条为长江流域分区管控和准入清单管理的规定。第1款明确了生态环境分区管控方案和生态环境准入清单的制定职责、备案要求以及制定约束：一是明确长江流域省级人民政府制定本行政区域生态环境分区管控方案和生态环境准入清单的职责，二是明确生态环境分区管控方案和生态环境准入清单应报国务院生态环境主管部门备案后实施，三是明确国土空间规划对的生态环境分区管控方案和生态环境准入清单的约束效力。第2款强调了分区管控的重点要求：一是产业结构和布局应当与生态系统和资源环境承载能力相适应，二是禁止在重点生态功能区布局对生态系统有严重影响的产业，三是禁止重污染企业和项目向长江中上游转移。

第二十六条　国家对长江流域河湖岸线实施特殊管制。国家长江流域协调机制统筹协调国务院自然资源、水行政、生态环境、住房和城乡建设、农业农村、交通运输、林业和草原等部门和长江流域省级人民政府划定河湖岸线保护范围，制定河湖岸线保护规划，严格控制岸线开发建设，促进岸线合理高效利用。

禁止在长江干支流岸线一公里范围内新建、扩建化工园区和化工项目。

禁止在长江干流岸线三公里范围内和重要支流岸线一公里范围内新建、改建、扩建尾矿库；但是以提升安全、生态环境保护水平为目的的改建除外。

▓ 法条解读 ▓

本条为长江流域河湖岸线特殊管制的规定。第1款明确了国家长江流域协调机制统筹协调国务院相关部门和长江流域省级人民政府划定河湖岸线保护范围、制定河湖岸线保护规划、严格控制岸线开发建设、促进岸线合理高效利用的职责。第2款明确了对新建、扩建化工园区和化工项目的禁止性规定，禁止范围确定为所有长江干支流岸线1公里内。第3款明确了对新建、改建、扩建尾矿库的禁止性规定，禁止范围确定为长江干流岸线3公里内和重要支流岸线1公里内，并对以提升安全、生态环境保护水平为目的的改建进行了例外豁免。

▓ 典型案例 ▓

湖南省临湘市力促化工产业升级力破"化工围江"

发展绿色精细化工，不"破"不"立"。临湘市作为湖南省化工产业退出搬迁任务最重、唯一整园退出的地区，以壮士断腕决心，推进滨江化工企业整体搬迁退出和转型升级，22家化工企业有序退出。经过综合治理与生态修复，原传统化工产业区蝶变为文化生态公园。为接纳退出企业，临湘市在距长江7公里外新建绿色精细化工产业园，转移承接沿江退出的工艺先进、污染小、市场前景好的高新技术企业搬迁转型，引进一批化工新材料项目落户，实现技术更新、产品提质。该地以该产业园为支撑，打造高端化、集约化、生态化的化工产业集群，全面推动区域绿色化工产业链优化升级。"党的二十大报告提出，要推动绿色发展，促进人与自然和谐共生。这是对生态文明建设的新要求和新谋划。"临湘市委书记王文华表示，该市坚决"守护好一江碧水"，加速推动绿色精细化工产业高质量发展，构筑滨江绿色生态长廊，打造最美长江岸线。

案例解读

根据《中华人民共和国 2023 年国民经济和社会发展统计公报》公布的数据，2023 年全年国内生产总值 1 260 582 亿元，长江经济带地区生产总值 584 274 亿元，占全国的 46.34%。

相关权威媒体文献中指出，2022 年长江经济带占进出口总额的 45.8%[①]，是我国经济中心所在、活力所在。我国是世界第一化工大国，长江是黄金水道，加之周边矿产资源较多，长期以来长江沿岸重化工业高密度布局，是我国重化工产业的集聚区。《长江保护法》立足资源环境承载能力，依托空间规划体系，对长江流域国土空间实施分区、分类用途管制，建立涵盖生态环境分区管控方案、生态环境准入清单、规划许可、岸线管控要求等具体措施，通过对长江流域整体空间的规划与管控，协调好资源环境承载能力与产业结构布局、调整之间的关系，综合应用多类型、体系化的激励措施和执法措施，引导和倒逼产业实现转型升级和高质量。

临湘市在落实《长江保护法》空间管控要求的过程中，力促化工企业在退出原有区域的过程中实现升级转型，打造高端化、集约化、生态化的化工产业集群，全面推动区域绿色化工产业链优化升级，系贯彻落实《长江保护法》的生动实践。长江流域相关地区领导干部应当深入、系统把握《长江保护法》对于流域国土空间规划与管控的系统性要求，系统整合运用好各类激励与管制措施，严守《长江保护法》确立的空间管控底线性要求，切实实现相关区域内的高水平保护与高质量发展。

▎▎习近平生态文明思想、习近平法治思想指引▎▎

沿江各地生态红线已经划定，必须守住管住，加强生态环境分区管控，严格执行准入清单。各级党委和政府对划定的本地重要生态空间要心中有数，优先保护、严格保护。

——习近平 2023 年 10 月 12 日在进一步推动长江经济带高质量发展座

---

① 李鹏.以长江经济带高质量发展更好支撑和服务中国现代化.光明日报，2023-10-20（6）.

谈会上的讲话

破解"化工围江"，是推进长江生态环境治理的重点。要再接再厉，坚持源头管控、全过程减污降碳，大力推进数智化改造、绿色化转型，打造世界领先的绿色智能炼化企业。

——习近平 2023 年 10 月 10 日在江西考察时的讲话

> 第三十一条　国家加强长江流域生态用水保障。国务院水行政主管部门会同国务院有关部门提出长江干流、重要支流和重要湖泊控制断面的生态流量管控指标。其他河湖生态流量管控指标由长江流域县级以上地方人民政府水行政主管部门会同本级人民政府有关部门确定。
>
> 国务院水行政主管部门有关流域管理机构应当将生态水量纳入年度水量调度计划，保证河湖基本生态用水需求，保障枯水期和鱼类产卵期生态流量、重要湖泊的水量和水位，保障长江河口咸淡水平衡。
>
> 长江干流、重要支流和重要湖泊上游的水利水电、航运枢纽等工程应当将生态用水调度纳入日常运行调度规程，建立常规生态调度机制，保证河湖生态流量；其下泄流量不符合生态流量泄放要求的，由县级以上人民政府水行政主管部门提出整改措施并监督实施。

▌▌▌ 法条解读 ▌▌▌

本条为长江流域生态用水保障的规定。第 1 款要求国家加强长江流域生态用水保障，确立国务院水行政主管部门牵头协调国务院有关部门提出长江干流、重要支流和重要湖泊控制断面的生态流量管控指标的职责；明确长江流域县级以上地方人民政府水行政主管部门牵头协调本级人民政府有关部门确定上述区域以外的河湖生态流量管控指标的职责。第 2 款明确国务院水行政主管部门有关流域管理机构的以下职责：（1）将生态水量纳入年度水量调度计划；（2）保证河湖基本生态用水需求；（3）保障枯水期和鱼类产卵期生态流量、重要湖泊的水量和水位；（4）保障长江河口咸淡水平衡。第 3 款明确位于长江干流、重要支流和重要湖泊上游的水利水电、航运枢纽工程运营管理主体将生态用水调度纳入日常运行调度规程、建立常规生态调度机制、保证河湖生态流量的义务；并授权县级以上人民政府水行政主管部门其下泄流量不符合生态流量泄放要求时，提出整改措施并监督实施。

> **第三十八条** 国务院水行政主管部门会同国务院有关部门确定长江流域农业、工业用水效率目标，加强用水计量和监测设施建设；完善规划和建设项目水资源论证制度；加强对高耗水行业、重点用水单位的用水定额管理，严格控制高耗水项目建设。

▌ 法条解读 ▌

本条为水资源利用管控职责的规定。明确国务院水行政部门牵头协调国务院各部门开展水资源利用管控的具体职责：（1）确定长江流域农业、工业用水效率目标；（2）加强用水计量和监测设施建设；（3）完善规划和建设项目水资源论证制度；（4）加强对高耗水行业和重点用水单位的用水定额管理；（5）严格控制高耗水项目建设。

▌ 典型案例 ▌

湖南省制定《湖南省水电站生态流量监督管理办法（试行）》

根据《水利部、国家发展改革委、生态环境部、国家能源局关于开展长江经济带小水电清理整改工作的意见》（水电〔2018〕312号），湖南省制定了《湖南省小水电清理整改实施方案》，2019年3月经省政府批准同意，方案明确要求全面开展长江经济带小水电清理整改，并由省水利厅牵头制定小水电生态流量监管考核实施办法，健全长效管理机制。按照中央和省委、省政府部署要求，省直有关部门和各市州、县市区政府集中力量，积极推进小水电清理整改，取得阶段性成效。为进一步巩固清理整改工作成果，推动水电站全面落实生态流量，湖南省制定了《湖南省水电站生态流量监督管理办法（试行）》，加快构建生态流量长效监管机制，促进水电站绿色发展。首先，厘清了水电站生态流量监督管理职责。一是明确水电站职责，二是细化监管部门职责，三是强化分级监管权限。其次，规范了水电站生态流量泄放和监测。一是科学确定生态流量，二是明确水电站业主责任，三是规范生态流量泄放设施。最后，强化了水电站生态流量日常监管与年度评价。一是强化监督检查，二是加大惩处力度，三是开展年度评价。

案例解读

大量水库群建设和工程调水，造成长江流域水生生境破碎化，鱼类资源数量减少，同时造成中下游湖泊、湿地面积大量萎缩，生物多样性减少；与此同时，局部河段水电开发建设密度大，水电站不能保障生态流量下泄，坝下河段还出现减（脱）水现象。因此，如何统筹协调好生活、生产、生态环境用水，加强生态流量管控，切实保障生态用水，保护和改善长江流域生态环境，是推进安澜、绿色、和谐、美丽长江建设的关键，对实现长江经济带绿色发展具有重要的意义。

强化生态用水调度、建立常规生态调度机制、保证河湖生态流量是《长江保护法》的关键内容和重要创新。湖南省制定《湖南省水电站生态流量监督管理办法（试行）》，以保障实现生态用水调度、生态流量保障的规范化、制度化，系贯彻落实《长江保护法》的有效手段和先进示范。长江流域相关地区领导干部应当深入、系统把握《长江保护法》对于生态用水与生态流量管控、水资源配置与用水管控的整体性要求，严格落实各类水资源保护管控措施，严守《长江保护法》水资源保护的底线性要求。

▌ 习近平生态文明思想、习近平法治思想指引 ▌

长江是长江经济带的纽带。无论未来长江经济带怎么发展、发展到哪个阶段，都不可能离开长江的哺育。要从人与自然和谐共生的生命共同体出发，着眼中华民族永续发展，把长江保护好。

——习近平 2023 年 10 月 10 日至 13 日在江西考察时的讲话

第四十六条 长江流域省级人民政府制定本行政区域的总磷污染控制方案，并组织实施。对磷矿、磷肥生产集中的长江干支流，有关省级人民政府应当制定更加严格的总磷排放管控要求，有效控制总磷排放总量。

磷矿开采加工、磷肥和含磷农药制造等企业，应当按照排污许可要求，采取有效措施控制总磷排放浓度和排放总量；对排污口和周边环境进行总磷监测，依法公开监测信息。

||| **法条解读** |||

本条为对总磷污染控制的规定。第1款明确长江流域省级人民政府通过制定、组织实施总磷污染控制方案防治总磷污染的职责，并进一步明确磷矿、磷肥生产集中区域应当制定执行更加严格管控要求。第2款确立磷矿开采加工、磷肥和含磷农药制造等企业依照排污许可要求落实总磷排放浓度、总量控制要求的义务，以及依法实施总磷监测、公开监测信息的义务。

第四十七条 长江流域县级以上地方人民政府应当统筹长江流域城乡污水集中处理设施及配套管网建设，并保障其正常运行，提高城乡污水收集处理能力。

长江流域县级以上地方人民政府应当组织对本行政区域的江河、湖泊排污口开展排查整治，明确责任主体，实施分类管理。

在长江流域江河、湖泊新设、改设或者扩大排污口，应当按照国家有关规定报经有管辖权的生态环境主管部门或者长江流域生态环境监督管理机构同意。对未达到水质目标的水功能区，除污水集中处理设施排污口外，应当严格控制新设、改设或者扩大排污口。

||| **法条解读** |||

本条为长江流域点源污染重点管控工作的规定。第1款针对长江流域城乡污水处理压力大、水污染风险高的实际情况，明确长江流域县级以上地方人民政府统筹建设、保障运行城乡污水处理设施及配套管网，提高城乡污水收集处理能力的职责。第2款明确长江流域县级以上地方人民政府在组织本行政区域排污口排查整治的职责，并提出主体明确、分类管理的具体要求。第3款明确在长江流域江河、湖泊新设、改设或者扩大排污口的管理要求，一是明确须经相关生态环境主管部门或流域监管机构同意；二是明确水质未达标功能区，除污水集中处理设施排污口外，严格控制新设、改设或者扩大排污口。

第五十条 长江流域县级以上地方人民政府应当组织对沿河湖垃圾填埋场、加油站、矿山、尾矿库、危险废物处置场、化工园区和化工项目等地下水重点污染源及周边地下水环境风险隐患开展调查评估，并采取相应风险防范和整治措施。

▌法条解读▌

本条为长江流域地下水重点污染源风险管控的规定。一是明确责任主体为长江流域县级以上地方人民政府；二是明确重点管控范围沿河湖垃圾填埋场、加油站、矿山、尾矿库、危险废物处置场、化工园区和化工项目等污染源及周边区域；三是明确管控工作包括组织风险隐患调查评估、采取风险防范措施和整治措施。

▌典型案例▌

云南省制定《长江流域（云南段）总磷污染控制方案》

《长江流域（云南段）总磷污染控制方案》（以下简称《方案》）明确，到 2025 年，云南省长江流域总磷污染治理取得明显成效，长江干流及其重要支流入干流处总磷浓度控制在 0.1 毫克／升以下，重点湖（库）总磷浓度进一步降低，其他国控、省控断面水质总磷浓度达到"十四五"规划目标。同时，明确了五个方面的重点工作要求：首先，推动磷矿及磷化工行业转型升级。一是推动磷矿资源集约高效利用，二是优化调整涉磷产业布局，三是推动涉磷产业升级改造。其次，提升工业源污染防控水平。一是强化"三磷"企业污染防控，二是提高磷石膏综合利用和污染防控水平，三是加大散小型重点涉磷行业监管，四是提升工业园区水污染集中治理水平。再次，提升生活源总磷污染治理。一是提升城镇污水收集效能，二是补齐污水处理能力短板，三是做好汛期污染防控，四是强化农村生活污染治理。复次，强化农业源总磷污染综合防控。一是加强种植业污染防治，二是有力推进养殖业污染防治。最后，大力开展生态保护修复。一是提升磷矿生态修复及综合治理水平，二是做好重点区域水土流失防治，三是加强河湖生态保护修复。

案例解读

以总磷污染为代表的水污染物治理是长江流域水污染治理的重要工作，长江流域集中了全国 60% 以上的"三磷"企业，从磷矿开采到磷化工企业加工直至化工废弃物生成，整个产业链条都成为长江污染隐忧，防治总磷污染是长江流域水污染防治工作的重点。从监测数据中发现长江流域总磷污染与"三磷"企业分布呈正相关，加之地方政府担心整治力度过大影响财政收入，进而影响民生投入等，一直对化工企业监管有畏难情绪，造成长江支流及干流总磷污染日益严重。因此，《长江保护法》针对水污染治理问题，从规划、标准、总量控制、重点污染防治措施以及重点污染源风险筛查与管控等方面，系统构筑了长江流域水污染防治措施体系。

云南省制定《长江流域（云南段）总磷污染控制方案》，对该省总磷污染控制进行全面系统布局，既是贯彻落实《长江保护法》总磷污染管控要求的重要工作，也是系统开展长江流域水污染防治工作的关键环节。长江流域相关地区领导干部应当深入、系统把握《长江保护法》针对水污染防治领域，所确立的规划、标准、总量控制、重点污染防治措施以及重点污染源风险筛查与管控等方面的整体性要求，处理好重点污染物治理与整体水污染防治工作之间的关系，守护好"一江碧水向东流"的美景。

▌习近平生态文明思想、习近平法治思想指引▐

深入推进环境污染防治。坚持精准治污、科学治污、依法治污，持续深入打好蓝天、碧水、净土保卫战。加强污染物协同控制，基本消除重污染天气。统筹水资源、水环境、水生态治理，推动重要江河湖库生态保护治理，基本消除城市黑臭水体。加强土壤污染源头防控，开展新污染物治理。提升环境基础设施建设水平，推进城乡人居环境整治。全面实行排污许可制，健全现代环境治理体系。严密防控环境风险。深入推进中央生态环境保护督察。

——习近平2022年10月16日在中国共产党第二十次全国代表大会上
的报告

第五十五条　国家长江流域协调机制统筹协调国务院自然资源、水行政、生态环境、住房和城乡建设、农业农村、交通运输、林业和草原等部门和长江流域省级人民政府制定长江流域河湖岸线修复规范，确定岸线修复指标。

长江流域县级以上地方人民政府按照长江流域河湖岸线保护规划、修复规范和指标要求，制定并组织实施河湖岸线修复计划，保障自然岸线比例，恢复河湖岸线生态功能。

禁止违法利用、占用长江流域河湖岸线。

▌▌▌ 法条解读 ▌▌▌

本条为长江流域河湖岸线修复与保护的规定。第 1 款明确国家长江流域协调机制统筹协调国务院有关部门和长江流域省级人民政府，制定长江流域河湖岸线修复规范，并确定相应的岸线修复指标的职责。第 2 款明确县级以上地方人民政府按照岸线保护规划、修复规范和指标要求，制定并组织实施河湖岸线修复计划的职责，并指明保障自然岸线比例、恢复河岸生态功能的要求。第 3 款则明确了违法利用、占用长江流域河湖岸线的禁止性规定。

▌▌▌ 典型案例 ▌▌▌

重庆市云阳县压实水生态修复责任，坚决守护好"一江碧水，两岸青山"

《长江保护法》实施以来，重庆市云阳县压实长江流域生态修复责任，积极开展各类生态修复工作。一是实施库岸生态修复。实施河堤库岸治理和生态修复平方公里，建成 33 公里环湖绿道，河湖面貌持续改善，水清、岸绿、河畅、景美初显。环湖绿道还多次登上中央电视台、地方电视台等各大主流媒体，云阳县县城生态涵养成果在全国推广，每年接待服务超过 100 万人次，提升了城市品牌和影响力。二是推进"两岸青山·千里林带"建设。深入推进林长制，获得国务院督查激励。完成营造林 25 万亩，森林覆盖率达到 61.5% 以上，长江两岸森林覆盖率 75%，排全市第一。下属片区获得市级"绿水青山就是金山银山"实践创新基地命名。荣获"中国生态宜居典范县""美丽中国绿色发展十佳案例"两项大奖。三是实施山水林田湖草沙一体化保护修复项目，积极争取山水林田湖草沙一体化保护修复资金和修复项目，全力打造山水林田湖草沙一体化保护修复全市亮点。

案例解读

长期以来，长江流域作为我国人口密度、产业聚集度最高的区域之一，受整体经济社会发展及人口增长所带来的生态环境压力影响，整体流域生态功能退化依然严重，长江"双肾"洞庭湖、鄱阳湖频频干旱见底，接近30%的重要湖库仍处于富营养化状态，长江生物完整性指数到了最差的"无鱼"等级。《长江保护法》设置生态环境修复专章，围绕流域生态修复应当坚持的原则、渔业资源保护法、水系连通修复、岸线修复、重点水库湖泊保护、植被恢复、生物多样性保护、河口生态环境保护与修复、水土流失防治等重点问题，设置了系统化的应对解决措施，意在强力推进长江流域生态环境修复工作。

重庆市云阳县围绕河湖岸线修复与管控这一长江流域生态环境修复的重点内容，在长江岸线开展了系统化治理和修复工作，有效改善了县域范围内长江岸线的生态环境状况，系贯彻落实《长江保护法》的先进范例。长江流域相关地区领导干部应当深入、系统把握《长江保护法》针对流域生态环境修复的整体性要求，结合各地实际情况，针对区域内突出生态环境问题进行重点修复，从生态系统整体性和长江流域系统性着眼，统筹山水林田湖草等生态要素，组织实施好生态修复和环境保护工程。

▌习近平生态文明思想、习近平法治思想指引▌

当前和今后相当长一个时期，要把修复长江生态环境摆在压倒性位置，共抓大保护，不搞大开发。要把实施重大生态修复工程作为推动长江经济带发展项目的优先选项，实施好长江防护林体系建设、水土流失及岩溶地区石漠化治理、退耕还林还草、水土保持、河湖和湿地生态保护修复等工程，增强水源涵养、水土保持等生态功能。

——习近平2016年1月5日在推动长江经济带发展座谈会上的讲话

我讲过"长江病了"，而且病得还不轻。治好"长江病"，要科学运用中医整体观，追根溯源、诊断病因、找准病根、分类施策、系统治疗。这要作为长江经济带共抓大保护、不搞大开发的先手棋。要从生态系统整体性和长江流域系统性出发，开展长江生态环境大普查，系统梳理和掌握各类生态隐患和环境风险，做好资源环境承载能力评价，对母亲河做一次大体检。要针对查找到的各类生态隐患和环境风险，按照山水林田湖草是一个生命共同体的理念，研究提出从源头上系统开展生态环境修复和保护的整体预案和行动方案，然后分类施策、重点突破，通过祛风驱寒、舒筋活血和调理脏腑、通络经脉，力求药到病除。要按照主体功能区定位，明确优化开发、重点开发、限制开发、禁止开发的空间管控单元，建立健全资源环境承载能力监测预警长效机制，做到"治未病"，让母亲河永葆生机活力。

——习近平 2018 年 4 月 26 日在深入推动长江经济带发展座谈会上的讲话

> **第六十四条** 国务院有关部门和长江流域地方各级人民政府应当按照长江流域发展规划、国土空间规划的要求，调整产业结构，优化产业布局，推进长江流域绿色发展。

‖ 法条解读 ‖

本条为推进长江流域绿色发展基本要求的规定。一是明确国务院有关部门和长江流域地方各级人民政府推进长江流域绿色发展的职责。二是明确应当按照长江流域发展规划、国土空间规划的要求，通过调整产业结构和优化产业布局，切实推进长江流域绿色发展。

> **第六十七条** 国务院有关部门会同长江流域省级人民政府建立开发区绿色发展评估机制，并组织对各类开发区的资源能源节约集约利用、生态环境保护等情况开展定期评估。
> 长江流域县级以上地方人民政府应当根据评估结果对开发区产业产品、节能减排措施等进行优化调整。

‖ 法条解读 ‖

本条为长江流域开发区绿色发展评估机制的规定。第 1 款一是明确绿色发展评估机制由国务院有关部门会同长江流域省级人民政府负责建立，并组织开展定期评估；二是明确评估的对象为各类开放区；三是明确评估的内容为资源能源节约集约利用、生态环境保护等情况。第 2 款明确评估结果的应用，即要求县级以上地方人民政府应当根据评估结果，优化调整开发区产业产品、节能减排措施。

> **第七十二条** 长江流域县级以上地方人民政府应当统筹建设船舶污染

物接收转运处置设施、船舶液化天然气加注站，制定港口岸电设施、船舶受电设施建设和改造计划，并组织实施。具备岸电使用条件的船舶靠港应当按照国家有关规定使用岸电，但使用清洁能源的除外。

▌ 法条解读 ▌

本条为长江流域航运基础设施建设的规定。一方面，明确长江流域县级以上地方人民政府统筹建设航运相关基础设施的职责，进而明确船舶污染物接收转运处置设施、船舶液化天然气加注站建设，以及港口岸电设施、船舶受电设施建设和改造等重点工作。另一方面，明确要求除使用清洁能源以外的船舶，具备岸电使用条件的靠港应当使用岸电。

第七十三条 国务院和长江流域县级以上地方人民政府对长江流域港口、航道和船舶升级改造，液化天然气动力船舶等清洁能源或者新能源动力船舶建造，港口绿色设计等按照规定给予资金支持或者政策扶持。

国务院和长江流域县级以上地方人民政府对长江流域港口岸电设施、船舶受电设施的改造和使用按照规定给予资金补贴、电价优惠等政策扶持。

▌ 法条解读 ▌

本条为长江流域绿色航运升级改造政策支持的规定。第 1 款明确了港口、航道和船舶升级改造，液化天然气动力船舶等清洁能源或者新能源动力船舶建造，港口绿色设计等领域由国务院和长江流域县级以上地方人民政府给予资金支持或者政策扶持。第 2 款明确长江流域港口岸电设施、船舶受电设施的改造和使用由国务院和长江流域县级以上地方人民政府给予资金补贴、电价优惠等政策扶持。

▌ 典型案例 ▌

"加快长江航运现代化 推进绿色智能新发展合作协议"成功签署

2023 年 12 月 3 日，交通运输部长江航务管理局（以下简称"长航局"）、中国船级社与 13 省市交通运输主管部门、上海组合港管理委员会办公室共同签署"加快长江航运现代化 推进绿色智能新发展合作协议"（简称"合作协议"）。"合作协议"提出，各方要按照长江航运高质量发展"145"总体思路和"131"智慧长江建设路径协同推进长江上中下游绿色智能航运发展，加快建成国内一流的绿色航运、智能船舶、现代监管、畅通航道和智慧港口。"合作协议"明确，各方将从绿色发展、智能发展、运输畅通、安全发展、产业转型等五大领域 22 个方面展开合作，推进长江经济带船舶和港口污染防治长效机制常态化运行，建设绿色低碳港口／港区、绿色生态航道，共建长江航运信用管理体系，共同打造并运行长江航运智能管理等平台、综合保障平台，升级公共服务平台，建设规范统一开放的长江航运市场，共建共用长江航运数据中心和长江港航一体化平台，推动内河智能船舶试点示范，推进北斗卫星导航系统在长江航运的标准化、集成化、规模化应用，深入推进长江干线船舶运力结构调整优化和过闸运输船舶船型标准化，发展多式联运，扩大江海直达运输领域和规模，推动长江电子航道图干支联网，强化部门间区域间安全风险防控、隐患治理等协同治理，加强现代化搜救能力建设，拓展港口功能，推进航运金融、航运交易、海事仲裁、保险行业等要素聚集，鼓励航运新业态发展，加快绿色智能船舶及其配套产业发展。

案例解读

习近平总书记指出，推动长江经济带高质量发展，要在严格保护生态环境的前提下，全面提高资源利用效率，加快推动绿色低碳发展，努力建设人与自然和谐共生的绿色发展示范带。《长江保护法》既是生态环境的保护法，也是绿色发展的促进法。为切实促进长江流域绿色发展，《长江保护法》围绕产业结构总体布局、城乡融合发展、重点行业绿色升级、绿色发展评估、节能节水工作、城乡人居环境提升、绿色养殖、绿色航运等重点领域，明确了长江流域绿色发展的关键性要求。

长航局、中国船级社与 13 省市交通运输主管部门、上海组合港管理委员会办公室共同签署"合作协议"，系国务院主管部门、长江流域各省主管部门以及相关主体围绕促进航运绿色转型开展的积极探索，系贯彻落实《长江保护法》，推进长江流域航运绿色发展的实践创新。长江流域相关地区领导干部应当在全面、准确掌握《长江保护法》关于长江流域绿色发展的系统性要求的基础上，积极协调各类主体、通过不同的方式和路径促进长江经济带绿色高质量发展。

▌习近平生态文明思想、习近平法治思想指引 ▌

协同推进降碳、减污、扩绿、增长，把产业绿色转型升级作为重中之重，加快培育壮大绿色低碳产业，积极发展绿色技术、绿色产品，提高经济绿色化程度，增强发展的潜力和后劲。

——习近平 2023 年 10 月 12 日在进一步推动长江经济带高质量发展座谈会上的讲话

图书在版编目（CIP）数据

推动高质量发展相关法律重点条文理解与适用 / 王
怀勇主编 . -- 北京：中国人民大学出版社，2024. 9.
（领导干部应知应会党内法规和国家法律丛书 / 付子堂，
林维总主编）. --ISBN 978-7-300-33281-9

I. D920.5

中国国家版本馆 CIP 数据核字第 2024QP3237 号

领导干部应知应会党内法规和国家法律丛书

总主编　付子堂　林　维

推动高质量发展相关法律重点条文理解与适用

主　编　王怀勇

Tuidong Gaozhiliang Fazhan Xiangguan Falü Zhongdian Tiaowen Lijie y

出版发行	中国人民大学出版社	
社　　址	北京中关村大街31号	邮政编码　10008
电　　话	010-62511242（总编室）	010-62511770（
	010-82501766（邮购部）	010-62514148（
	010-62515195（发行公司）	010-62515275（
网　　址	http:www.crup.com.cn	
经　　销	新华书店	
印　　刷	天津中印联印务有限公司	
开　　本	720 mm × 1000 mm　1/16	**版　　次** 2
印　　张	12.5 插页1	**印　　次**
字　　数	189 000	**定　　价**

u Shiyong

（质管部）

（门市部）

（盗版举报）

2024年9月第1版

2024年9月第1次印刷

48.00元

负责调换